Research Report on the Use of Government Open Data 2023-2024

政府开放数据
利用研究报告

(2023-2024)

《数字政府建设成效测度与评价的
理论、方法及应用研究》课题组 著

经济管理出版社
ECONOMY & MANAGEMENT PUBLISHING HOUSE

图书在版编目（CIP）数据

政府开放数据利用研究报告：2023-2024 /《数字政府建设成效测度与评价的理论、方法及应用研究》课题组著 . -- 北京：经济管理出版社，2024. -- ISBN 978 -7-5096-9983-6

Ⅰ. D63-39

中国国家版本馆 CIP 数据核字第 20240QC081 号

组稿编辑：任爱清
责任编辑：任爱清
责任印制：张莉琼
责任校对：蔡晓臻

出版发行：经济管理出版社
　　　　　（北京市海淀区北蜂窝 8 号中雅大厦 A 座 11 层　　100038）
网　　　址：www. E-mp. com. cn
电　　　话：（010）51915602
印　　　刷：唐山玺诚印务有限公司
经　　　销：新华书店
开　　　本：710mm×1000mm /16
印　　　张：10.75
字　　　数：199 千字
版　　　次：2024 年 12 月第 1 版　　2024 年 12 月第 1 次印刷
书　　　号：ISBN 978-7-5096-9983-6
定　　　价：88.00 元

本书系国家社会科学基金重大项目"数字政府建设成效测度与评价的理论、方法及应用研究"（23&ZD081）的阶段性研究成果之一

前言
FOREWORD

在全球化和信息化进程不断加快的背景下，数据作为一种新型生产要素，已经成为助推社会经济发展的重要力量。政府开放数据（Open Government Data, OGD）是指政府、企业和其他组织在保障隐私和安全的前提下，向社会公开其所掌握的数据资源，以供公众和企业免费使用，从而促进创新，提升数据治理水平，推动社会经济发展。政府开放数据不仅是政府数据资源共享与配置的重要方式，也是政府职能转变与政府管理体制创新的重要内容，促使政府数据资源管理方式、手段、内容等发生根本性变革。

对政府数据开放与利用现状进行研究，是为了探讨如何最大限度地发挥政府数据资源价值、推动公共服务创新、提高政府数据治理能力和公共服务水平，进而促进经济社会可持续发展。自2015年国务院发布《促进大数据发展行动纲要》以来，政府信息公开向数据开放转变，数据开放成为数字政府建设重要举措之一。2024年中共中央办公厅、国务院办公厅发布《关于加快公共数据资源开发利用的意见》（以下简称《意见》），《意见》中提出数据作为新型生产要素，是数字化、网络化、智能化的基础，数据基础制度建设事关国家发展和安全大局，要破除公共数据流通使用的体制性障碍、机制性梗阻，激发共享开放动力，优化公共数据资源配置，释放市场创新活力。《中华人民共和国国民经济和社会发展第十四个五年规划和2035年远景目标纲要》（以下简称"十四五"规划和2035年远景目标纲要）对"建设数字中国"作出部署，明确提出要提升政府开放数据的有效利用率。而政府开放数据利用率的提升离不开数据平台助力。政府开放数据平台建设为政府数据赋能，为公众和企业使用数据提供良好场景，是挖掘数据动能、构建政府数据赋能体系的关键举措。截至2023年底，我国各级各类政府开放数据平台建设在政策驱动下，取得了显著成果，平台建设规模与速度得到大幅度提升，由2018年的68个增加到2023年的316个，为完善政府开放数据体系建设夯实了坚实基础。

　　尽管目前我国在政府开放数据方面取得了显著进展，但仍面临着一些挑战。例如，数据更新不及时，导致数据时效性不足；数据标准化程度不高，不同部门、不同地区的数据格式和标准不统一，影响了数据的共享和利用。因此在推动政府开放数据共享过程中提升数据资源价值势在必行，但数据价值表现多样，数据利用行为纷繁复杂，在对政府开放数据研究过程中可能出现挂一漏万的现象，《数字政府建设成效测度与评价的理论、方法及应用研究》课题组（以下简称课题组）希望能够做到去伪存真、删繁就简，通过科学分析由表及里。因此从2018年开始，课题组进行初步探索并发布了首份报告，至此每年推出年度研究报告，此次将2023年与2024年的报告集结出版，形成此书。

　　目前无论是我国学术界对政府开放数据的理论研究，还是一般群众对政府开放数据的认识，均需要不同程度的完善，特别是对政府开放数据利用研究尚需进一步深化。因此无论是从理论上还是实践上，课题组的研究均具有重大的学术价值与实践指导作用。面对"十四五"规划和2035年远景目标纲要的新环境、新需求、新特征、新任务，政府开放数据的范围之广、涉及之众、程度之强、影响之深、改变之大，目前还需拭目以待。课题组本着科学精神，立足于"十四五"规划整体要求，密切监控政府开放数据现状发展，拟在下一份研究报告中进一步反映在不同时间与不同环境中的新认识。

《数字政府建设成效测度与评价的理论、

方法及应用研究》课题组

2024 年 8 月

目录
CONTENTS

第一部分
政府开放数据利用研究报告（2023）

第二部分
政府开放数据利用研究报告（2024）

第十章　政府开放数据利用行为分析

第十一章　政府开放数据利用效率分析

第十二章 结论与对策

第一部分

政府开放数据利用研究报告（2023）

第一章
政府开放数据政策驱动

第一节　政府开放数据政策变化

近年来，随着人工智能、区块链、云计算、大数据等技术的逐步成熟，全社会的数据整合、分析与挖掘的能力得到显著提升，促进了科技的发展，也深刻地影响着社会的方方面面，社会呈现出开放化、民主化和自由化的发展趋势。"十四五"规划和2035年远景目标纲要对"建设数字中国"作出重要部署，明确提出要提升政府开放数据的有效利用率。数字政府作为科技化变革的主体之一，正在经历着重大转变。传统的"网上政务"模式逐渐向"数字化运营"模式转变，数字技术的应用使政府运作更加高效和便捷。数字政府的发展不仅是技术进步，更是一种治理理念和方式的转变。同时，政府主体关系也发生了深刻的变革。政府由信息的单一发布者和控制者转变为强调各利益相关方共同合作参与的倡导者；政府不再是单方面制定政策和提供服务，而是更加注重与社会各界的沟通和协作，积极倾听民意、回应民生问题，推动社会的共同发展。由此，数字政府从以"网上政务"为核心转变为以"数字化运营"为核心，政府主体关系发生变革，同时传统政府的治理逻辑与治理方式得到转变。在这种时代背景下，促进政府开放数据建设是构建数字政府的重要一环。

2022年国务院办公厅印发《全国一体化政务大数据体系建设指南》提出构建全国一体化政务大数据体系总体架构的重要性，为着力解决政务数据体系建设中的问题提供了系统方案，为如何充分发挥政府开放数据在提升政府履职能力、支撑数字政府建设以及推进国家治理体系和治理能力现代化的重要作用指明了方向。加强数字政府建设是适应新一轮科技革命和产业变革趋势、引领驱动数字经济发展和数字社会建设、营造良好数字生态、加快数字化发展的必然要求，是建设网络强国、数字中国的基础性和先导性工程，是创新政府治理理念和方式、形成数字治理新格局、推进国家治理体系和治理能力现代化的重要举措，对加快转变政府职能，建设法治政府、廉洁政府和服务型政府意义重大。

加快数字中国建设，要适应我国发展新的历史方位，全面贯彻新发展理念，以信息化培育新动能。自党的十八大以来，党和国家精准把握当前全球信息革命发展大势，作出了建设网络强国的重大战略部署，提出了一系列新思想、新论断、新要求，积极推动网络强国、数字中国、智慧社会建设，充分发挥数字化、信息化的带动作用，为经济社会全面发展提供强大内生动力。十年来，各地区、各部门积极落实数字中国建设部署要求，不断培育新发展动能，激发新发展活力，数字中国建设取得显著成就。十年来，数字政府治理服务效能显著提升。联合国电子政务调查报告显示，我国电子政务在线服务指数排名从 2012 年的全球第 78 位提升至 2022 年的第 9 位，[①] 企业、群众办事更加便捷高效。全国一体化政务服务平台基本建成。各级政府业务信息系统建设和应用成效显著，数据共享和开发利用取得积极进展，一体化政务服务和监管效能大幅提升，"最多跑一次""一网通办""一网统管""一网协同""接诉即办"等创新实践不断涌现。

从政策驱动角度分析，我国现阶段出台的政府开放数据利用相关政策主要动力是提升政府开放数据相关服务满意度。"放管服"和"最多跑一次"等政策已经完全融入到人民群众日常生活中，建设全国一体化政务服务平台是提升服务满意度的必经之路，也是政府开放数据利用价值的关键体现，对于解决人民日益增长的美好生活需要和不平衡不充分的发展之间的矛盾能够起到良好的促进作用。

第二节　政府开放数据年度政策的价值取向

一、国家政策价值取向

2022 年我国出台的国家层面的政府开放数据相关政策数量共计 7 条，与2021 年相比持续走低。前一阶段实施的如"放管服"和"最多跑一次"等政府开放数据利用相关政策也趋于完善，目前仍有部分省份在强调"放管服""一件事一次办""一网通办""最多跑一次"等政策的实施，并在现行政策上推广了政务业务跨省办理的工作。另外，对数字政府的建设趋于完善。2021

---

① 《2022 年联合国电子政务调查报告》

年出台的政府开放数据利用相关政策与前三年出台的相关政策连续性不高，2022 年同 2021 年相比相关性更高。2018~2022 年我国国家级政府开放数据利用相关政策数量如图 1-1 所示。

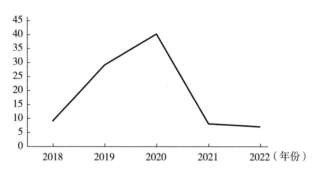

图 1-1 2018~2022 年我国国家级政府开放数据利用相关政策数量

2021 年是我国政府开放数据利用的新阶段，2022 年将开放数据利用推向了新的高潮。相关政策的主要内容包括《国务院关于加快推进政务服务标准化规范化便利化的指导意见》《国务院办公厅关于印发 2022 年政务公开工作要点的通知》《国务院办公厅关于加快推进"一件事一次办"打造政务服务升级版的指导意见》《国务院办公厅关于扩大政务服务"跨省通办"范围进一步提升服务效能的意见》《国务院办公厅关于印发第十次全国深化"放管服"改革电视电话会议重点任务分工方案的通知》《国务院办公厅关于印发全国一体化政务大数据体系建设指南的通知》《中共中央 国务院关于构建数据基础制度更好发挥数据要素作用的意见》等。相关政策文本内容词云如图 1-2 所示。

图 1-2 2022 年我国国家级政府开放数据相关政策文本内容词云

二、地方政策价值取向

我国各地方纷纷出台了关于本地区的政府开放数据发展行动和规划，其目的是响应国家政府开放数据战略，为建设数字政府新阶段做准备。2022 年我国各省级政府以及直辖市对于政务数据开放平台的建设趋向于完善，在国家政策的要求下，对于平台建设的标准化和多元化提出了更进一步的要求，切实保障用户政务服务的体验。另外，一些政府对于平台建设的要求更为严格，每个季度都在检查政务新媒体平台的建设情况，并提出应在规定的时间内进行整改。2022 年我国各个省份以及直辖市出台的政府开放数据相关政策共 109 条，2018~2022 年我国国家级政府开放数据利用相关政策数量如图 1-3 所示。

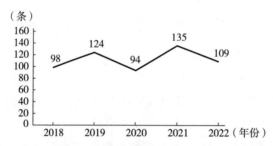

图 1-3　2018~2022 年我国国家级政府开放数据利用相关政策数量

通过对 2022 年地方政府开放数据利用相关政策的主题进行文本分析后发现，其主题主要是响应国家政府数据开放利用相关政策以及对地方政府现行平台运营情况的检查，主题的价值取向与国家政府数据开放利用的相关政策高度契合。主要以推动政务服务平台建设的一体化与标准化，以及拓展政务服务平台业务工作为核心。生成词云结果如图 1-4 所示。

图 1-4　2022 年我国省级政府开放数据政策文本词云结果

第三节　政府开放数据政策主题变化

2022 年是数字政府建设如火如荼的一年，政府数据开放利用重新踏上了新的征程。如今国家对于政府数据开放利用提出了更加严格的要求。建设政务服务平台一体化与标准化，实现"一网通办"，让用户尽量足不出户就能办理业务，方便大家生活。

第二章

政府开放数据平台主要内容

第一节　平台建设

政府数据开放平台是由各省级部门牵头，是支撑数字政府建设的数据资源服务架构系统，以大数据治理下数字政府建设为背景，以实现数字化政府服务形态的转变为目标，以创新政府数据开放的系统架构为依托，致力于各级政府部门可公开数据的下载与服务，能让公众在开展政务信息资源的社会化开发利用活动中，便捷地获取到易使用、高质量的政府开放数据，驱动重塑政务信息化架构下的新型政府形态，并推动信息资源增值服务业的发展及相关研究工作的开展。

本课题组在《政府开放数据利用研究报告（2022）》的基础上，进一步扩大平台搜索范围，优化平台分类标准。按照中华人民共和国民政部最新发布的《2020 年 12 月中华人民共和国县以上行政区划代码》对各省市政府及区县级政府开放数据平台进行检索。检索方式与《政府开放数据利用研究报告（2022）》大致相同：以"地名＋政府开放数据平台"为检索词在搜索引擎中进行检索；以"数据开放"等包含"数据"字样为板块名在相应的人民政府网站中进行搜索，并检查人民政府网站数据相关板块中政府数据开放平台的跳转链接窗口，作为检索的补充与完善。截至 2022 年 12 月 31 日，全国共有 926 个省、市、县、区政府建立了地方性政府数据开放平台（港澳台地区除外）。本节将从平台数量、行政级别分布、地区分布及类型四个方面分析 2022 年政府数据开放平台的建设情况。

从平台上线数量来看，为保持时间维度下横向对比的科学性，平台数量对比与上一年报告相一致，仅对比省、副省及地市级政府数据开放平台上线数量数据。2022 年我国新增政府数据开放平台 26 个，平台上线数量同比增长 11.30%。从 2021 年开始，新增平台数量开始进入低增长速度阶段，并且从 2022 年增长速度来看，增长速度还在持续缓慢降低，这是由于有能力开设政府数据开放平台的地区大部分都已上线网站，省级、副省级和地市级政府数据开放平台建设空间不大，尽管我国大部分省市的政府数据开放平台已陆续上线，但仍需进一步加强现有平台的发展与潜在平台的建设。2013~2022年政府数据开放平台上线总量与增长率统计如图2-1所示。

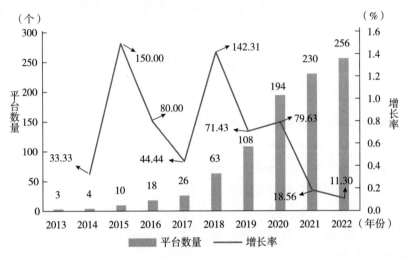

图 2-1　2013~2022 年政府数据开放平台上线总量与增长率统计（不含县区级）

从平台所属的政府行政层级来看，我国省级、副省级、地市级与县区级政府的数据开放平台建设情况差异较大，随着行政层级的等级降低呈递减趋势，2022年国内已上线的政府数据开放平台行政层级占比统计如图2-2所示。据中华人民共和国行政区划统计，全国共有34个省级行政区15个副省级城市、333个地市级行政区和2843个县区级行政区。目前建有政府数据开放平台的省级行政区占比省级总量的83.87%，建有政府开放数据平台的副省级行政区占比为86.67%，地市级城市中已建政府开放平台的地区占比为69.07%，县区级行政区的政府数据开放平台占比最低，仅23.56%。[①]相较于2021年的报告，除副省级之外的行政层级的政府数据开放平台数量都有所上升，其中地级市的上升幅度最大，说明2022年政府数据开放平台的建设中心在地级市。2022年，我国省级、副省级、地级城市平台超过半数，总体上政府数据开放平台的地方上线比例有所提高，但县区级平台建设率偏低，政府数据开放平台的建设还需进一步落实到基层，基层是联系群众和上

① 资料来源：百度百科

级政府的重要枢纽。

从平台类型来看，政府数据开放嵌入式平台占比高至85.42%，即各地数据嵌入在该地政府官网栏目中进行开放；政府数据开放独立式平台占比为14.58%。与2021年政府数据开放平台类型大致相同，嵌入式平台是各地区进行政府数据开放平台建设的首要选项。通常来说，较低行政层级地区政府数据开放平台的新增往往从嵌入式平台着手建设，有助于平台的管理与发展。同时县区级和地市级的政府数据开放平台的建设空间较大，因此相较于2021年，嵌入式平台数量增量明显，占比有所增加。2022年政府数据开放平台类型统计详情如图2-3所示。

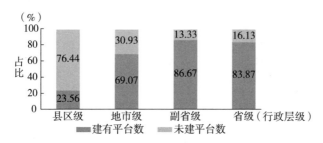

图2-2　2022年政府数据开放平台行政层级统计

图2-3　2022年政府数据开放平台类型统计

对平台类型的年度变化情况进行具体分析，由图2-4所知，我国2022年省级、副省级、地级政府数据开放平台与2021年同比整体变化不同，嵌入式平台新增数量（45个）要明显多于独立式平台（8个）。局部地方平台类型存在转化与增减的情况，且2022年由独立式平台转为嵌入式平台数量为0，而嵌入式平台向独立式平台的转化数量有8个，由此说明，各地的政府数据开放平台逐渐正规化，平台趋于稳定；同时相较于2021年，独立式平台和嵌入式平台的取消数量也有所变化，分别取消了3个和7个。其中惠州市独立式平台取消的原因可能是惠州市人民政府正在实行的首席数据官制度试点实施方案尚未完全结束，网站还在建设整改阶段，另外两个独立式平台取消的地区为梅州市和漯河市。嵌入式平台取消的地区分别属于合肥市庐阳区、奎文区、安丘市、佛山市、镇远县、东胜区、太原市杏花岭区等，这些地区大多属于县区级，取消可能是因为下属地级市或者上级省级的政府数据开放平台已经较为规范，防止资源浪费。

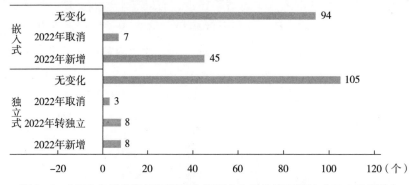

图 2-4　2022 年政府数据开放平台类型变化具体情况统计（不含县区级）

从平台所属地区来看，我国政府数据开放平台集中分布于华东地区，数量高达 322 个，占平台总量的 34.77%；其次集中在华南地区，数量为 190 个，占平台总量的 20.52%；然后是西南和东北，分别是 124 个和 98 个，华北、西北两个地区平台数量分别为 75 个与 62 个；华中地区最少，为 55 个，占比低至 5.94%。平台所属地区分布情况如图 2-5 所示。由此可说明我国政府数据开放平台建设以华东地区为领头，华南、西南、东北地区为次要发展地区，带领其他地区的政府数据开放平台建设和完善。

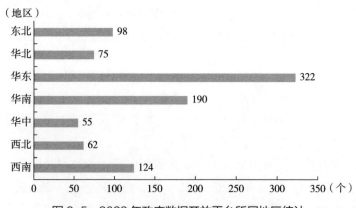

图 2-5　2022 年政府数据开放平台所属地区统计

　　图 2-6 为结合政府数据开放平台所属地区与行政层级的统计情况，从总体来看，2022 年各地区平台建设以县区级平台建设为主；副省级、省级平台因其发展空间较弱，但与 2021 年同比没有增加，地市级平台逐步稳定发展。各行政层级平台增量有一定差距，排名相对靠前的地区主要为华东地区，县区级平台增量较多（111 个），其次是华南和西南地区，东北和华中地区排名最末；地市级平台总量领先的是西北地区，数量为 7 个。相较于 2021 年，各地区各行政层级的政府数据开放平台的发展情况都有所提升，尤其是华东地区和华南地区，平台增量均达到 901 个以上；华东地区由于往年政府数据开放平台建设基础较好，2022 年政府数据开放平台发展趋势依旧占据领头羊地位；其余地区发展稳定。

　　综上所述，可以获悉 2022 年华东地区政府数据开放平台建设基础良好，建设表现优异，华南地区政府数据开放平台建设备受重视，各地区新增建设重点在县区级和地级平台。

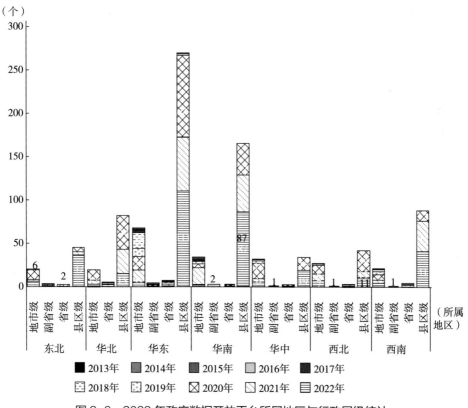

图 2-6　2022 年政府数据开放平台所属地区与行政层级统计

第二节　数据集主题

通过对 2022 年已上线的 926 个政府数据开放平台中可访问且发布数据集的 179 个平台的主题情况进行统计与分析，了解其主题分类情况，词云效果如图 2-7 所示。

图 2-7　2022 年部分政府数据开放平台主题大类词云

结合现有平台主题大类的关键词提取结果和词云来看，关键词权重排名靠前的词语分别是"服务""公共安全""文化""农业""科技教育""信用""交通运输""卫生健康""团体""城建""运输"。一方面，"服务"一词的出现频率最高，体现了政府开放数据面向公众开放，为公众提供信息服务的宗旨；另一方面，通过高频词我们可以获悉当下政府开放数据主要集中在安全、文化、交通、卫生、农业、信用、教育等社会生活领域。

通过对政府数据开放平台的持续性关注与分析，2022 年各城市平台开放的数据集主题的分类标准延续了 2021 年由分散到集中的统一化趋势，并在集中统一化分类标准下，针对地方实际情况进行具体局部调整。山东省的政府数据开放平台在沿用了上一年度统一使用的 19 个主题分类体系（教育科技、文化休闲、地域空间、社保就业、卫生健康、机构团体、城建住房、经贸工商、公共安全、市场监督、交通出行、气象服务、综合政务、社会民生、财税金融、安全监督、农业农村、资源环境、信用服务）的基础上，各所属地区同样在大方向保持一致的情况下进行了局部主题的删减；广西壮族自治区的政府数据开放平台的主题分类体系（工业农业、生态环境、科技创新、教育文化、交通运输、城建住房、社保就业、防疫复工、商业服务、社会救助、生活服务、医疗卫生、法律服务、资源能源、财税金融、商贸流通、团体机构、公共安全、地理空间、气象服务、市场监督、安全生产、信用服务、其他）均完成了统一。综上所述，目前各地政府数据开放平台使用的主题分类的地域统一趋势愈加明显，进一步强调了数据的互联互通，方便了同一地区内的平台数据建设与维护，同时并未强制实行"一刀切"，保持了各所属地区的独立性与地方特色性。但诸多省份政府数据开放平台的地域统一性有待加强，地区与地区之间也仍未出现统一的主题分类标准，同一主题不同地区名称各异、范围不一，在一定程度上阻碍了不同地区之间政府开放数据的共享与联通，同时降低了系统的易用性和通用性。

第三节　开放内容

从国内现有政府数据开放平台来看，数据集、数据接口和数据应用是平台开放的主要内容，可以直观反映出平台中政府开放数据的规模。图 2-8、图 2-9、图 2-10 分别为 2022 年部分政府数据开放平台数据集数量统计、2022 年部分政府数据开放平台数据接口数量统计、2022 年部分政府数据开放平台数据应用数量统计。

从 2022 年现有政府数据开放平台的数据集数量来看，排名第一的平台为四川公共数据开放网，在政府开放数据集数量排名前十的数据中，占比为 17.89%，同比上年有大幅度增加，需要说明的是，四川公共数据开放网的省级集成式平台特性致使该平台数据集数 19618 个为该地区省级与所属地级的平台数据集数量总和，其中四川省省直部门的数据集的数量为 759 个，但是由于其下辖的地级市较多，其单个地级市的数据集数量排名并不靠前，所以，在全国范围内四川地区开放的数据集规模并不拔尖，其次是滨州公共数据开放网，归属于山东省，数据集数量为 12200 个，不同的是，山东地区内的地级平台数量排名均在靠前位置。由此可得，在全国范围内，山东地区开放的数据集规模仍遥遥领先,这与 2021 年的情况相同。

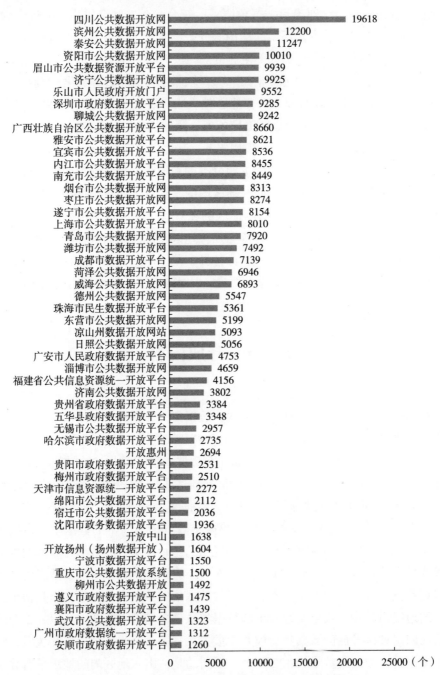

图 2-8 2022 年部分政府数据开放平台数据集数量统计

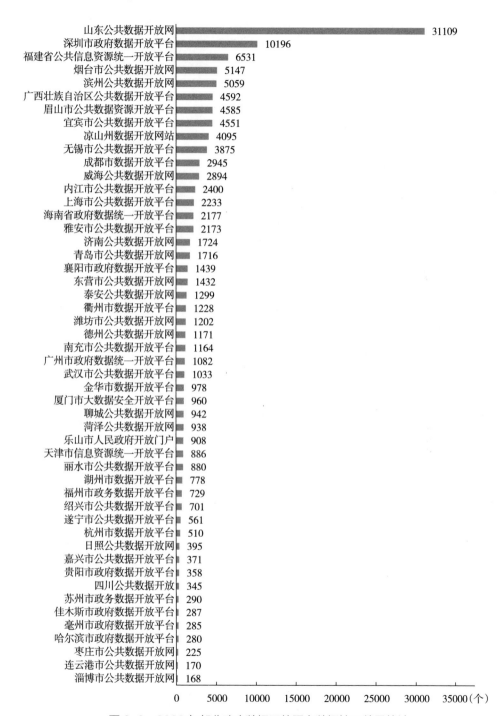

图 2-9　2022 年部分政府数据开放平台数据接口数量统计

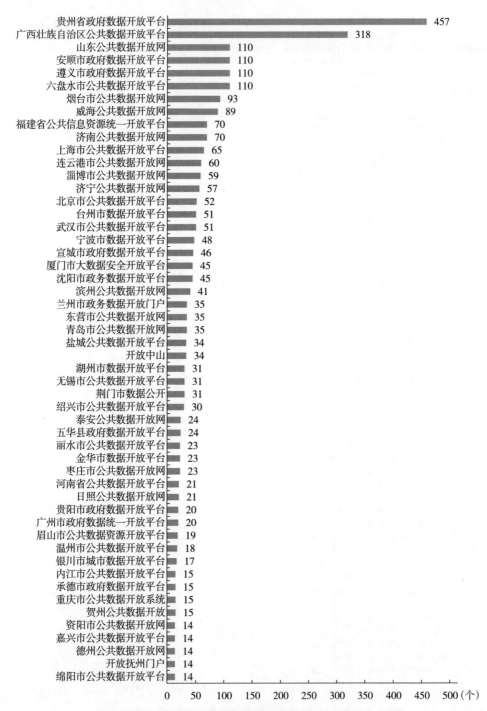

贵州省政府数据开放平台 457
广西壮族自治区公共数据开放平台 318
山东公共数据开放网 110
安顺市政府数据开放平台 110
遵义市政府数据开放平台 110
六盘水市公共数据开放平台 110
烟台市公共数据开放网 93
威海公共数据开放网 89
福建省公共信息资源统一开放平台 70
济南公共数据开放网 70
上海市公共数据开放平台 65
连云港市公共数据开放网 60
淄博市公共数据开放网 59
济宁公共数据开放网 57
北京市公共数据开放平台 52
台州市数据开放平台 51
武汉市公共数据开放平台 51
宁波市数据开放平台 48
宣城市政府数据开放平台 46
厦门市大数据安全开放平台 45
沈阳市政务数据开放平台 45
滨州公共数据开放网 41
兰州市政务数据开放门户 35
东营市公共数据开放网 35
青岛市公共数据开放网 35
盐城公共数据开放平台 34
开放中山 34
湖州市数据开放平台 31
无锡市公共数据开放平台 31
荆门市数据公开 31
绍兴市公共数据开放平台 30
泰安公共数据开放网 24
五华县政府数据开放平台 24
丽水市公共数据开放平台 23
金华市数据开放平台 23
枣庄市公共数据开放网 23
河南省公共数据开放平台 21
日照公共数据开放网 21
贵阳市政府数据开放平台 20
广州市政府数据统一开放平台 20
眉山市公共数据资源开放平台 19
温州市公共数据开放平台 18
银川市城市数据开放平台 17
内江市公共数据开放平台 15
承德市政府数据开放平台 15
重庆市公共数据开放系统 15
贺州公共数据开放 15
资阳市公共数据开放网 14
嘉兴市公共数据开放平台 14
德州公共数据开放网 14
开放抚州门户 14
绵阳市公共数据开放平台 14

0 50 100 150 200 250 300 350 400 450 500 (个)

图 2-10 2022 年部分政府数据开放平台数据应用数量统计

　　从 2022 年现有政府数据开放平台的数据接口数量来看，政府开放数据接口数量排名前五的数据有三个都属于山东地区的平台，在全国范围内，山东地区开放的接口数量同样也呈现出领先优势；相比之下有些政府数据开放平台的数据接口较少，甚至有 15 个地区的数据接口数量为 0。其中独立式平台占比约为 86%，嵌入式平台占比约为 14%，相较于 2021 年，嵌入式平台所占比例减少，说明嵌入式平台的规范性和专业性正在逐步提高，同时独立式平台的专业性和规范性有待进一步加强，整体来说需要提高数据管理与共享水平。

　　从 2022 年现有政府数据开放平台的数据应用数量来看，排名前十的平台分别隶属于贵州省、广西壮族自治区、山东省、福建省，其中省级平台与地级市平台占比为 4∶6。说明上述地区有效利用了政府开放数据资源、开发应用产品，数据应用及开发成果的数量领先于其他地区，同时相较于 2021 年，地级市政府数据开放平台的数据应用发展迅速。然而，目前尚有 16 个地区存在数据应用数量为 0 的情况，较 2021 年同比数量大幅度减少，其均为县区级，虽然相较于 2021 年县区级地区各数据应用的情况大有改善，但是数据应用数量在 5 个以下的地区还有许多，各地方仍需注重数据应用的建设与开发，真正将数据开放的目的落到实处，便民利民，提高政府数据治理水平。

　　总的来说，政府相关部门应加快政府数据开放平台的数据集、数据接口的开放规模，完善平台建设规范，重视数据应用的开发，使用户能更加便捷、有效地利用政府数据，从中创造价值。

2017 年，国家发展改革委、中央网信办印发了《政务信息资源目录编制指南（试行）》，其中指出元数据描述信息资源特征，元数据中的核心数据是描述数据基本属性与特征的最小集合，一般包括信息资源的名称、内容摘要、提供方、发布日期等内容。元数据是政府数据开放平台的重要组成部分，能对政府开放数据进行描述、管理、利用和溯源。截止 2022 年 12 月 31 日，课题组对全国现有的 90 个政府数据开放平台（80 个独立式平台，10 个嵌入式平台）的开放数据元数据利用情况进行了调查，总结出了目前各个平台政府开放数据元数据的使用现状，并分析了元数据互操作情况。

第一节　国内外标准视角下政府开放数据元数据的使用现状

2017 年，国家发展改革委、中央网信办印发了《政务信息资源目录编制指南（试行）》（以下简称《指南》），以满足对政府信息资源管理、发布开放和共享交流的需要，建设并完善政府信息资源管理体系，加强国家对政府信息资源的统筹管理。《指南》具体规定了 13 个政务信息资源核心元数据来考察政府信息资源的开放现状：信息资源名称、信息资源代码、信息资源分类、信息资源摘要、信息资源提供方、信息资源提供方代码、发布日期、更新周期、信息资源格式、关联资源代码、信息项信息、共享属性、开放属性。从图 3-1 中可以看出，《指南》中的信息资源分类、信息资源摘要、信息资源提供方、发布日期、更新周期、信息项信息等核心元数据在各平台中使用频率较高，而信息资源名称、关联资源代码、信息资源提供方代码、共享属性等核心元数据的使用率较低。同 2021 年相比，信息资源名称、信息资源提供方代码、开放属性的使用率下降，信息资源分类、信息资源提供方、关联资源代码、信息项信息的使用率有较明显的上升，其他核心元数据的使用率基本持平，无明显变化。

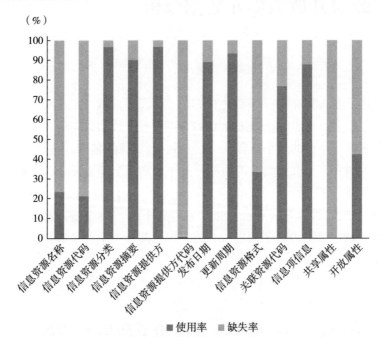

图 3-1 各平台使用《政务信息资源目录编制指南（试行）》核心元数据情况

随着我国交通行业信息化建设的进步，相应的信息资源综合利用与共享程度不断提高，为了更进一步实现信息资源的开发与处理，我国颁布了《政务信息资源目录体系 第 3 部分：核心元数据》（GB/T 2106.3-2007）。这是我国首部政府信息管理元数据标准，它描述了 12 个政务信息资源特征的所需核心元数据：名称、标识符、分类、摘要、关键字说明、提供方、发布日期、链接地址、元数据标识符、元数据维护方、元数据更新日期、服务信息，这些核心元数据描述了政务信息资源的标识、内容、管理等信息的表达方法。从图 3-2 中可以看出，在各个平台使用的核心元数据中，分类、摘要、关键字说明、提供方、发布日期、元数据标识符等元数据的使用率较高，而名称、标识符、链接地址、元数据维护方、元数据更新日期等元数据的使用率较低。同 2021 年相比，名称、关键字说明、发布日期、链接地址、服务信息的使用率下降，分类、提供方、元数据维护方、元数据更新日期的使用率有所上升，其他核心元数据的使用率基本持平，无明显变化。

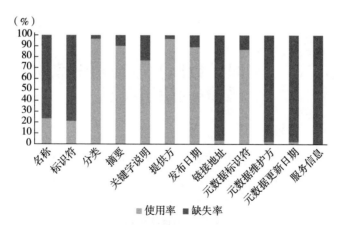

图 3-2　各平台使用《政务信息资源目录体系　第 3 部分：核心元数据》
（GB/T2106.3-2007）情况

国际上使用较为广泛的数据集是都柏林核心元素集（Dublin Core Element Set，DC），它规定了一个所有 Web 资源都应遵循的通用核心标准，包括 15 个核心元数据：题目、标识符、主题、描述、语种、创建者、出版者、其他责任者、覆盖范围、日期、格式、类型、来源、关联、权限，这些元数据较为全面地揭示了电子资源的特征。目前我国大部分的数据开放平台都使用了 DC 的核心数据集，从图 3-3 中可以看出，主题、描述、创建者、日期、关联等核心元数据的使用率较高，而题目、标识符、语种、出版者、其他责任者、覆盖范围、类型、来源、权限等核心元数据的使用率较低。同 2021 年相比，题目、语种、其他责任者、覆盖范围、日期、权限的使用率下降，而主题、创建者、覆盖范围、格式、来源、关联的使用率上升，其他核心元数据的使用率基本不变。

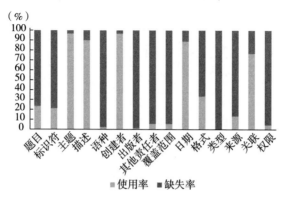

图 3-3　各平台使用 DC 核心元数据情况

第二节　不同元数据类型视角下政府开放数据的使用现状

按照功能进行分类，可将元数据分成描述性元数据、管理性元数据、利用性元数据和溯源元数据。调查发现，各平台使用各类元数据情况有较大的差异。

一、各平台描述性元数据使用情况

描述性元数据可以分为内容描述元数据、时空描述元数据、数据描述元数据和责任描述元数据。从表 3-1 中可以看出，在描述性元数据中，内容描述元数据和时空描述元数据使用普遍较高，而数据描述元数据和责任描述元数据使用率则相对较低。具体来说，分类、领域 / 行业、摘要、关键词、发布日期、更新日期、更新频率、关联信息、数据量、数据项、数据提供方、提供联系方式等元数据的使用率较高，而语种、时间范围、媒体类型、字节大小、数据发布方、数据维护方、数据状态等元数据的缺失率较高。同 2021 年相比，名称、标识符、关键词、语种、时间范围、发布日期、提供联系方式、数据发布方、数据维护方、数据状态的使用率下降，而其他元数据的使用率上升。

表 3-1　各个平台描述性元数据使用情况

内容描述	名称	标识符	分类	领域 / 行业	摘要	关键词	语种
使用平台数	21	19	87	78	81	69	2
未使用平台数	69	71	3	12	9	21	88
使用率（%）	23.33	21.11	96.67	86.67	90.00	76.67	2.22
缺失率（%）	76.67	78.89	3.33	13.33	10.00	23.33	97.78
时空描述	时间范围	空间范围	发布日期	更新日期	更新频率	来源	关联信息
使用平台数	5	18	80	83	84	12	69
未使用平台数	85	72	10	7	6	78	21

时空描述	时间范围	空间范围	发布日期	更新日期	更新频率	来源	关联信息
使用率（%）	5.56	20.00	88.89	92.22	93.33	13.33	76.67
缺失率（%）	94.44	80.00	11.11	7.78	6.67	86.67	23.33
数据描述	数制格式	媒体类型	字节大小	数据量	数据项		
使用平台数	30	0	4	73	79		
未使用平台数	60	90	86	17	11		
使用率（%）	33.33	0	4.44	81.11	87.78		
缺失率（%）	66.67	100	95.56	18.89	12.22		
责任描述	数据提供方	提供联系方式	数据发布方	数据维护方	数据状态		
使用平台数	87	54	1	5	5		
未使用平台数	3	36	89	85	85		
使用率（%）	96.67	60.00	1.11	5.56	5.56		
缺失率（%）	3.33	40.00	98.89	94.44	94.44		

二、各平台管理性元数据使用情况

　　管理性元数据可以分为元数据管理、安全管理、版权管理和长期保存管理。从表3-2可以看出，管理性元数据总体使用率极低，元数据管理、安全管理和长期保存管理方面的使用率都很低，只有版权管理方面的使用率相对高一些。在元数据管理方面，各个平台使用的管理元数据率普遍较低，说明各个开放数据平台对开放数据的元数据管理重视程度低。尽管有些平台提供了元数据说明使用的文档，但是里面一般只有元数据名称、元数据说明及其用例，包含的描述信息极少。此外，安全管理、版权管理、数据长期保存管理方面元数据极低的使用率难以保证数据安全、数据版权和数据长期保存管理。

　　同2021年相比，元数据管理方面和版权管理方面的元数据使用率有提升，但是提升幅度不大，除了元数据标识的使用率提升26%，许可信息的使用率提升了17%，下载网址的使用率提升了40%，其他元数据使用率的提升只有极小的幅度，并且信息缺失的问题仍然十分突出。各个开放数据平台在元数据管理方面的不完善将会导致元数据在不同平台的互操作性遇到管理和技术的困难以及后续一系列的管理问题。

表3-2 各个平台管理性元数据使用情况

元数据管理	元数据标识	元数据联系方	元数据维护方	元数据创建日期	元数据更新日期	元数据语种	元数据版本
使用平台数	78	2	2	2	2	1	0
未使用平台数	12	88	88	88	88	89	90
使用率（%）	86.67	2.22	2.22	2.22	2.22	1.11	0
缺失率（%）	13.33	97.78	97.78	97.78	97.78	98.89	100
安全管理	安全等级	安全权限	适用对象	安全风险提示	安全技术	安全日志	
使用平台数	0	0	0	0	0	0	
未使用平台数	90	90	90	90	90	90	
使用率（%）	0	0	0	0	0	0	
缺失率（%）	100	100	100	100	100	100	
版权管理	版权声明	版权种类	许可信息	许可日期	下载网址	访问URL	
使用平台数	4	9	50	1	81	3	
未使用平台数	86	81	40	89	9	87	
使用率（%）	4.44	10	55.56	1.11	90	3.33	
缺失率（%）	95.56	90	44.44	98.89	10	96.67	
长期保存管理	保存方法	保存格式	保存技术	保存系统			
使用平台数	0	0	0	0			
未使用平台数	90	90	90	90			
使用率（%）	0	0	0	0			
缺失率（%）	100	100	100	100			

三、各平台利用性元数据使用情况

从表3-3可以看出，在利用性元数据方面，有81.11%的平台对数据开放的类型进行了标识，标识的主要类型有：无条件开放、有条件开放、主动开放、不予开放、申请开放等数据开放类型或者数据提供方式。同时，下载量、访问量（浏览量）、用户评论/评分方面的使用率较高，说明也有较多平台对此进行了标注。但共享分类、共享类型、共享条件、数据用途、交换方式的元数据的使用率极低，公开分类方式、公开方式、获取方式、收费说明的元数据使用率也极低，说明很少有平台标注这些元数据，这反映了当前开放数据平台的开放程度较高，共享利用程度较低，公开利用的程度也较低，平台与平台之间的资源共享可能较为困难。

表3-3　各个平台利用性元数据使用情况

开放利用	数据分类	开放类型	数据分级	数据处理	数据提供方式	下载量	访问量	用户评论/评分
使用平台数	38	73	10	0	25	86	85	81
未使用平台数	52	17	80	90	65	4	5	9
使用率（%）	42.22	81.11	11.11	0	27.78	95.56	94.44	90
缺失率（%）	57.78	18.89	88.89	100	72.22	4.44	5.56	10
共享利用	共享分类	共享类型	共享条件	数据用途	交换方式			
使用平台数	0	1	1	0	0			
未使用平台数	90	89	89					
使用率（%）	0	1.11	1.11					
缺失率（%）	100	98.89	98.89					
公开利用	公开分类方式	公开方式	获取方式	收费说明				
使用平台数	0	0	0	0				
未使用平台数	90	90	90	90				
使用率（%）	0	0	0	0				
缺失率（%）	100	100	100	100				

四、各平台溯源元数据使用情况

构成大部分国家开放元数据集的基本是 W3C 政府关联数据工作组（Government Linked Data Working Group）推荐的标准 DCAT（Data Catalog Vocabulary），它支持数据目录之间的互操作性，具有较好的操作性和实用性，目前在世界各国被广泛使用。从 DCAT–Version 2 中抽取属于溯源类的元数据，并对其使用情况进行统计，结果如表 3-4 所示。

表 3-4　各个平台溯源元数据使用情况

溯源元数据	数据集的最早发布时间	数据集的最新更新时间	数据集提供方（发布者）	数据集的联系人信息	数据集的来源	数据集的访问页面	数据的许可或版权	访问数据的URL	数据文件的下载地址	历史版本的变化情况	用户获取数据的权限说明
使用平台数	38	39	38	34	9	3	71	1	1	7	7
未使用平台数	52	51	52	56	81	87	19	89	89	83	83
使用率（%）	42.22	43.33	42.22	60.71	10	3.33	78.89	1.11	1.11	7.78	7.78
缺失率（%）	57.78	56.67	57.78	62.22	90	96.67	21.11	98.89	98.89	92.22	92.22

dct：issued（数据集的最早发布时间）、dct：modified（数据集的最新更新时间）、dct：publisher（数据集提供方）、dcat：contactPoint（数据集的联系人信息）、dct：rights（数据的许可或版权）的使用率较高。而 dct：source（数据集的来源）、dcat：landingPage（数据集的访问页面）、dcat：downloadURL（数据文件的下载地址）、dcat：accessURL（访问数据的 URL）、dct：isVersionOf 或 rov：wasRevisionOf（历史版本和变化情况）、dct：accessRights（用户获取数据的权限说明）的使用率较低。同上年相比，除了 dct：rights（数据的许可或版权）的使用率上升了外，其他元数据的使用率均下降了，且下降幅度较大。

第三节　现有元数据名称差异情况

从目前的调查数据来看，在元数据命名上，各个省市的开放数据平台均存在差别。又因为各个开放数据平台被委托给不同的技术公司，这使各个平台的网页编码 ID、中文名称采用的规则都不同，因此造成网页编码 ID、中文名之间的差异。表 3-5 展示的是部分省级和市级平台之间的差异，此类情况普遍存在于副省级、地市级的网站，除非开放平台采购的是同一套系统平台。此外，各元数据的定义在取值类型上也各有差异。

表 3-5 政府开放数据平台的元数据名称命名差异情况（示例）

政府开放数据名称	平台层级	数据集的最早发布时间	网页编码ID	数据的最新更新时间	网页编码ID	数据集提供方（发布方）	网页编码ID
山东公共数据开放网	省级	发布时间	adv-start-time	数据更新时间	updateTime	来源部门	orgName
江西省政府数据开放网站	省级	发布时间	publishTime	数据更新时间	dataUpdateTime	数源单位	resOrgName
广州市政府数据统一开放平台	市级	发布时间	lastUpdated	最后更新	lastUpdateTime	来源部门	orgName
深圳市政府数据开放平台	市级	上架日期	publishTime	更新日期	updateTime	数据提供方	tfDeptName

第四节 元数据互操作情况分析

元数据的互操作，又叫元数据转换，包括元数据名称、格式、结构等的转换。元数据能否进行互操作，直接影响政府开放数据的资源集中、传输和共享利用的程度，进一步影响开放程度。

一、元数据的名称互操作分析

DCAT-Version 2 词汇表中定义了多个类型和属性。调查现有开放数据平台的元数据名称与 DCAT-Version 2 词汇表中的 Class：Cataloged Resource、Class：Catalog Record、Class：Dataset、Class：Distribution 的映射关系后，发现现有开放数据平台的元数据名称大部分可以映射到这 4 个类的各个属性名称（见表 3-6~ 表 3-9），只有少部分属性不可以对应映射，比如 Class：Cataloged Resource 中 的 dcat：qualified Relation、prov：qualified Attribution、odrl：has Policy、dct：is Referenced By 和 dct：conforms To 等属性尚没有可以与之映射的平台元数据。

从表 3-6~ 表 3-9 可以看出，在元数据使用方面，dct：language、dct：publisher、

dct：accessRights、dcat：landingPage、prov：was GeneratedBy、dct：temporal、dcat：distribution、dcat：mediaType、dcat：byteSize、dcat：accessURL 等元数据的使用率较低，其他元数据使用率均相对较高。

表 3-6　DCAT 类 Class：Cataloged Resource 元数据映射和使用情况

数据和使用情况	dct：title	dct：identifier	dcat：theme	dct：description	dcat：keyword	dct：language	dct：creator
	标题	标识符	主题 / 类别	描述	关键词 / 标签	语言	资源创造者
使用平台数	21	19	87	81	69	2	87
未使用平台数	69	71	3	9	21	88	3
使用率（%）	23.33	21.11	96.67	90	76.67	2.22	96.67
缺失率（%）	76.67	78.89	3.33	10.0	23.33	97.78	3.33
数据和使用情况	dct：publisher	dct：issued	dct：modified	dcat：contactPoint	dct：accessRights	dct：license	dcat：landingPage
	出版者	发布日期	更新 / 修改日期	编目资源关联信息	访问权	许可证	目标网页
使用平台数	1	80	83	69	0	50	3
未使用平台数	89	10	7	21	90	40	87
使用率（%）	1.11	88.89	92.22	76.67	0	55.56	3.33
缺失率（%）	98.89	11.11	7.78	23.33	100	44.44	96.67

表 3-7　DCAT 类 Class：Catalog Record 元数据映射和使用情况

数据和使用情况	dct：title	foaf：primaryTopic	dct：description	dct：issued	dct：modified
	标题	主题	描述	发布日期	更新 / 修改日期
使用平台数	21	87	81	80	83
未使用平台数	69	3	9	10	7
使用率（%）	23.33	96.67	90	88.89	92.22
缺失率（%）	76.67	3.33	10	11.11	7.78

表 3-8 DCAT 类 Class：Dataset 元数据映射和使用情况

数据和 使用情况	prov： wasGeneratedBy	dct： temporal	dct： spatial	dct： accrualPeriodicity	dcat： distribution
	由产生	时间范围	空间 / 地理范围	频率	数据集分布
使用平台数	0	5	18	84	0
未使用平台数	90	85	72	6	90
使用率（%）	0	5.56	20	93.33	0
缺失率（%）	100	94.44	80	6.67	100

表 3-9 DCAT 类 Class：Distribution 元数据映射和使用情况

数据和 使用 情况	dct： title	dct： description	dct： issued	dct： modified	dct： format	dcat： media Type	dcat： byte Size	dct： licencse	dcat： download URL	dcat： access URL
	标题	描述	发布 日期	更新 / 修 改日期	格式	媒体 类型	字节 大小	许可证	下载网址	访问 URL
使用 平台数	21	81	80	83	30	0	4	50	80	4
未使用 平台数	69	9	10	7	60	90	86	40	10	86
使用率 （%）	23.33	90	88.89	92.22	33.33	0	4.44	55.56	88.89	4.44
缺失率 （%）	76.67	10	11.11	7.78	66.67	100	95.56	44.44	11.11	95.56

可以看出，我国政府开放数据平台的元数据几乎涵盖了 DCAT 的所有元数据标准，总体较为丰富。但就单个平台而言，其元数据对 DCAT 的元数据复用率较低，目前没有一个平台能完全复用 DCAT 的所有元数据来标注本平台的开放数据，这说明了我国的开放数据平台建设还需要完善。

二、元数据的格式互操作分析

调查数据显示，大部分开放数据平台都为开放数据集提供了相对规范的 XLS、CSV、RDF、XML、JSON 等可机读的数据格式，使用率分别达到 91.11%、84.44%、63.33%、78.89%、82.22%，其中 RDF 格式的使用率较低。有 57 个平台同时提供了五种可机读格式，如山东省、武汉市、宜昌市、上海市、哈尔滨市、杭州市、泰州市、宿迁市、深圳市等省市的平台。多类型的数据格式可以促进不同平台之间传输、共享、转换和利用数据。但目前我国各省市的开放数据平台使用的元数据格式主要是 HTML 网页格式或 TXT 文本格式，HTML 网页格式或 TXT 文本格式的元数据方便读者进行浏览和阅读，但这两种格式是非机读格式，而数据开放平台提供的数据格式是一种机器可读的格式，这导致两者在机器可读性上存在一定的差异。

目前政府开放数据平台的元数据，主要还是在 HTML 网页上以表格的形式显示，以供查询者进行阅读查询，并没有提供如 XML、CSV、JSON、RDF、HDF5、JSON-LD 和 Turtle 等，可供下载、传输、调用的机器可读的、标准化的格式编码元数据，因此目前尚无法通过下载、传输或调用机器可读、标准化的格式编码元数据记录来实现元数据格式的互操作。

第五节　元数据总体存在的问题

一、元数据标准不统一、不全面

在元数据标准方面，我国存在不同的元数据标准规则有不同的特点，例如，《GB/T 2106.3-2007 政务信息资源目录体系　第 3 部分：核心元数据》侧重于共享和开放，而地方标准例如，上海《DB31/T 745-2013 政务信息资源共享与交换实施规范　第 1 部分：目录元数据》侧重于共享与公开, 贵州省的《DB 52-T 1124-2016 政府数据资源目录　第 1 部分：元数据描述规范》侧重于描述政府的数据资源。总体而言，我国政府信息数据的需求定位不够准确，体系设置不够清晰，资源特点不够明显。并且，目前我国的元数据标准对数据集的描述不够全面，具体表现为没有规范、持久、稳定的唯一标识符，没有数据的时空覆盖范围，没有问题反馈渠道，没有数据的开放许可等；此外，我国的元数据标准没有区分数据集与数据集包含的数据资源（可下载的文件或访问端点等），导致描述两者的元数据之间出现混淆，如"资源类型""资源记录数""点击下载"等元数据是描述数据文件而不是数据集本身。

在地方政府数据开放平台建设方面，目前我国政府数据开放平台建设在不断发展和完善中。在开放数据的元数据上，各省级、地市级平台都能提供相对完整的元数据信息，但是由于各系统平台由不同的技术支持单位建设，平台所采用的元数据设计方案也有较大不同，这引发了数据的汇集、共享和利用上的困难。

在元数据数量上，几乎每个开放数据平台都存在缺失部分元数据的情况，这导致描述数据不全面、不完整；在元数据格式上，各开放数据平台仍以HTML 网页和 TXT 文本文件为主，虽然方便浏览者阅读，但是难以保证机器可读和良好的互操作。总体上来说，各个政府开放数据平台的元数据使用仍然存在较大差异，离标准化、统一化、规范化仍有较大差距。

二、元数据取值不规范

尽管各政府开放数据网站使用了部分元数据，但是元数据的取值还存在不规范的问题。例如，在山东省的"更新频率"取值里面，有取值"一年"的，也有取值"每年"的；在深圳的数据文件大小中，有的数据带有单位（如34kB），也有部分数据不带单位（如 21）；在江门的"在线资源链接地址"中，有直接明确给出网址的，也有通过文字超链接提供网址的，还有部分网址失效，在这种情况下，用户无法通过这个元数据直接找到数据资源，使得该元数据失去其价值。

三、元数据缺失情况较为严重

各政府开放数据网站针对管理性元数据、利用性元数据、数据目录、数据集和数据资源的元数据的使用率较低，缺失率较高，甚至有个别元数据的使用率几乎为 0。产生上述情况的主要原因是在国家的顶层设计层面中，没有统一的标准体系和具体的强制要求，没有统一的政府开放数据平台建设指导意见，也没有相应的法律制度提供保障。

四、元数据缺乏互操作性

开放政府数据能够激励创新、促进经济增长。有了高质量的元数据支持，用户才能发现、理解和使用开放数据。当公众利用数据时，使数据产生二次价值，以发挥数据的社会价值、经济价值，因此，元数据的互操作性是必不可少的。然而，调查发现我国各级政府开放数据平台的可机读数据格式的使用率不高，这引发了程序在进行自动处理和互操作时遇到较大的困难。一方面会影响数据的跨平台调用、汇聚、分析和共享，另一方面也会影响数据的跨平台溯源，对建立国家统一数据开放平台造成一定的影响。

第六节　元数据规范建议

一、中央要制定强制的、统一的国家级政府开放元数据标准体系

解决元数据缺失、互操作性低、溯源效果不好等问题的最重要解决方法是规范、统一的标准开放数据元数据的使用，但是目前我国尚未出台国家级政府开放数据的元数据标准，缺乏统一性、强制性的要求。目前地方标准在实施中没有达到要求，存在的文件也较为零散。

W3C 政府关联数据工作组（Government Linked Data Working Group）发布正式推荐标准 DCAT 和 W3C 溯源工作组（Provenance Working Group）在溯源数据模型 PROV-O 所结合的溯源元数据元素，是各国政府广泛推荐使用的元数据标准。这一标准不仅适用范围广，而且在互操作、溯源规范、溯源效果方面也有很好的时间检验。

因此，建议我国政府应该重视元数据与国际接轨的程度，在遵循我国《GB/T 26816-2011　信息资源核心元数据》《GB/T 18391.5-2009　信息技术元数据注册系统（MDR）　第5部分：命名和标识原则》的基础上，结合 DCAT 和 PROV-O 的标准，制定统一的、强制性的国家级政府开放元数据标准和规范，提高我国政府元数据质量。

二、地方政府要进一步规范和完善元数据的使用

从前文的调查数据可以看出，地方政府在数据使用规范方面存在不统一、不规范的问题，建议地方政府应该做到以下四点：

（1）各地方政府数据开放平台元数据应该多参考国内外的元数据标准，检查所有数据开放平台，适当添加标准中缺失的元数据，提高元数据质量，为开放数据提供专业性更强的描述、更好的管理，利用元数据。

（2）各地方政府需要依据我国现有的元数据标准，尽量规范元数据的使用名称，避免因名称差异而带来的语句歧义和元数据名称互操作失误等问题。

（3）在元数据的数据取值方面，要做到规范取值、按规则取值，及时排查出取值错误的数据，做到取值有效、统一，这有利于公众更好地利用元数据。

（4）政府开放数据平台需要更好地保证元数据的完整性和描述全面性，为此需要做到进一步完善开放数据目录、数据集的描述、管理、利用元数据等。

三、地方政府要提高数据的互操作性

元数据之间的互操作性可以提高数据格式转换的可能性和效率，从而促进元数据的使用。从目前的文献可知，国际上广泛使用的 DCAT 标准和 XML/RDF 编码格式设计的元数据方案，可以实现开放数据元数据的可读性和规范性，由此进一步增强元数据的互操作性，提高政府开放数据平台的开放、利用和共享水平。所以，在开放数据集中，政府应该提供具有互操作功能的、可机读的元数据文件格式（如 CSV、XML、RDF、JSON、JSON-LD、HDF5 和 Turtle 等格式）下载和 API 调用。

第四章

政府开放数据利用行为分析

政府开放数据的目的是促进数据价值挖掘，实现数据使用的最大化，本书沿用《政府开放数据利用研究报告（2022）》，以数据本身为切入点，从地区、主题和时间三个视角来展开政府开放数据利用行为的分析。通过对比不同地区的下载和浏览相关指标，分析 2022 年政府开放数据平台利用行为的地区性差异；通过分析不同主题政府开放数据下载和浏览相关指标，对利用行为的主题性差异有一定认知；最后将各项对比结果与 2022 年度报告进行对比，把握利用行为在时间视角下的变化。

第一节　区域视角下政府开放数据利用行为

通过对已收集各地区公共数据开放平台数据的整理，去除没有数据利用的平台，以及利用统计数据统计不完善的平台，最终确立了 90 个地区的数据作为样本。首先对这些平台的数据集总量、浏览总量和下载总量进行了统计分析，如图 4-1 所示。在 90 个平台中，2022 年开放数据集最多的平台为四川省、泰安市和资阳市，这些地区的开放数据集数量都达到万条以上，排名第一的四川省达到 19618 个开放数据集的水平。由图 4-2 可知，排名前 10 的地区主要集中在山东和四川两省，与上年相比整体变化不大。而数据集总量在 8000 条以上的地区也高达 16 个之多，说明我国的政府数据开放正顺利推进。

在浏览量和下载量方面，如图 4-2 所示，深圳市、福建省、上海市、福州市、中山市为 90 个地区中浏览量排名前五位的地区，其中深圳市的官方网站所统计的 217042367 次浏览量要远高于排名第二福建省的 11214847 次，上海市、福州市和中山市分别排第三位、第四位和第五位，浏览量分别为 10310967 次、4625112 次、3636862 次。下载总量排名前五的城市为深圳市、上海市、贵阳市、

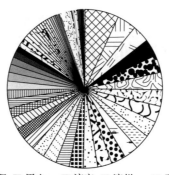

四川	泰安	资阳	眉山	济宁	滨州	乐山	深圳	聊城
广西	雅安	宜宾	烟台	枣庄	遂宁	上海	青岛	潍坊
成都	菏泽	威海	德州	泰州	东营	凉山	日照	淄博
福建	济南	无锡	哈尔滨	贵阳	天津	绵阳	宿迁	沈阳
中山	扬州	宁波	重庆	柳州	武汉	广州	衢州	海南
银川	金华	湖州	山东	丽水	温州	亳州	来宾	防城港
福州	樟树	宜春	绍兴	宜昌	南宁	百色	北海	芜湖
贺州	贵港	随州	盐城	河池	玉林	嘉兴	江西	钦州
杭州	崇左	梧州	阳泉	桂林	连云港	荆门	赣州	六安
长治	宣城	阜阳	恩施	黄石	永州	承德	上饶	新余

图 4-1　区域视角下开放数据的数据集总量

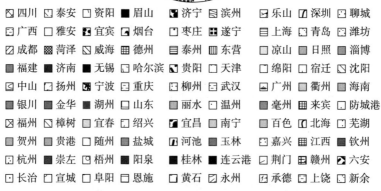

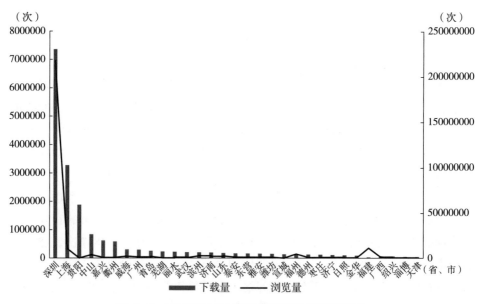

图 4-2　区域视角下开放数据的浏览量和下载量

中山市和嘉兴市，下载量分别为 7357268 次、3276229 次、1878920 次、840315 次、622555 次。由此可知，广州市、上海市、中山市等地区的政府开放数据备受用户关注，尤其是深圳市和上海市更为明显，其浏览量和下载量均名列前茅。从数据集、浏览量和下载量的统计总数来看，四川省所开放的数据集最多，而深圳市、上海市、中山市等公共数据开放平台受到用户的关注度却是相对较高的。而在 2021 年，浏览量排名前五位的地区平台为深圳市、温州市、济南市、青岛市、济宁市，下载量排名前五位的地区平台为深圳市、贵阳市、常州市、温州市和上海市，今年样本数据中的地区排名与上年略有不同，温州市的公共数据开放平台的排名有所下滑，而深圳市和上海市排名较为稳定。

本书将浏览率和下载率细分为地区单一数据集浏览率和地区单一数据集下载率、地区整体样本浏览率和地区整体样本下载率、地区浏览总量比率和地区下载总量比率。地区单一数据集浏览率和下载率分别指的是，90 个地区的浏览量 / 数据量、下载量 / 数据量。地区整体样本浏览率和下载率分别指的是，90 个地区单一数据集浏览率 / 所有地区单一数据集浏览率之和、单一数据集下载率 / 所有地区单一数据集浏览率之和。

如图 4-3 所示，2022 年 90 个地区公共数据开放平台单一数据集浏览率最高的地区是深圳市、阜阳市、福州市、福建省及山东省，其数值分别为约 23375.59 次 / 条、8893.71 次 / 条、6344.46 次 / 条、2698.47 次 / 条、2437.66 次 / 条。单一数据集浏览率最低的地区是四川省、无锡市和盐城市，分别为 0.42 次 / 条、0.90 次 / 条、1.71 次 / 条。可以看出不同地区平台的单一数据集浏览率存在明显差异性。单一数据集下载率最高的地区是嘉兴市、深圳市、贵阳市、中山市、衢州市，分别为 1678.05.06 次 / 条、792.38 次 / 条、742.36 次 / 条、513.01 次 / 条、477.92 次 / 条。单一数据集下载率较低的有金华市、柳州市、亳州市等部分地区，而永州市、成都市、绵阳市等地区均为 0 次 / 条。由此可见，90 个地区平台 2022 年地区单一数据集下载率水平差异相对较大。

图 4-4 可以看到地区整体样本浏览率和下载率的相关分析，地区整体样本浏览率最高的地区为深圳市、阜阳市、福州市、福建省和山东省，较低的地区有芜湖市、金华市等。地区整体样本下载率最高的地区为嘉兴市、深圳市、贵阳市、中山市和衢州市，最低的地区为柳州市、防城港市等城市。绵阳市、赣州市等其他城市由于其公共数据开放平台的下载量为 0，因此它们的整体数据集下载率为 0。综合上述分析可得，地区公共平台政府开放数据的利用行为差异明显。

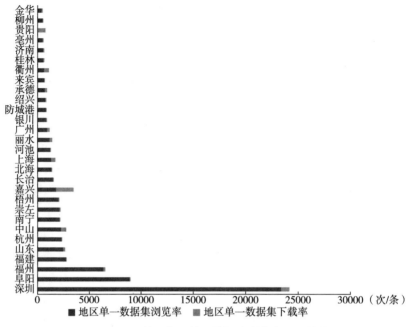

图 4-3　区域视角下单一数据集浏览率和下载率

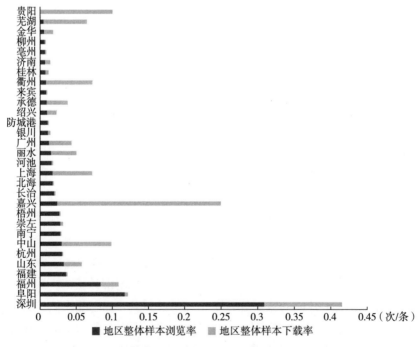

图 4-4　区域视角下地区整体样本平均浏览率和平均下载

第二节 主题视角下政府开放数据利用行为

通过对 90 个平台样本数据集中数据所属领域的整理，筛选出 16 个出现半数以上的主题领域。在主题命名上，延续上一年度的命名规范，16 个主题分别是文体休闲、教育科技、资源环境、道路交通、民生服务、医疗卫生、公共安全、农业农村、机构团体、财税金融、社保就业、经贸工商、信用服务、城建住房、地理空间和市场监督。

如图 4-5 所示，所有主题中数据集个数最多的三个是信用服务、民生服务和社保就业，分别有 24508 个、17362 个和 16863 个；而最少的三个主题是地理空间、道路交通和城建住房，分别为 2667 个、7305 个和 7370 个。

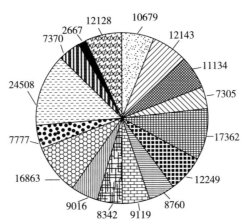

图 4-5 各主题数据集个数

图 4-6 展示了 16 个主题各自的下载量和浏览量，可以看出浏览量差距较大，最多的三个主题依次为机构团体、资源环境、教育科技，分别为 66958990 次、36377257 次和 32132662 次；浏览量最少的三个主题为地理空间、城建住房和公共安全，分别为 1802369 次、3221165 次和 3518485 次。下载量排名前三的主题分别为机构团体、经贸工商和信用服务，分别为 4175791 次、1519396 次和

1515802 次；最少的主题为地理空间、市场监督和财税金融，分别为 104785 次、300201 次和 307371 次。可以发现，浏览量与下载量存在一定的关联性，例如，机构团体的浏览量和下载总量均较高，而地理空间的浏览量和下载量均较低。另外开放数据集的总量与其浏览和下载量也没有必然的积极或者消极的影响。尽管一些主题数据集开放总量较少，但是浏览和下载量很多，建议未来对此类数据集应尽可能更多地开放，来满足用户对它们的广泛需求，例如，机构团体、经贸工商和科技教育等。

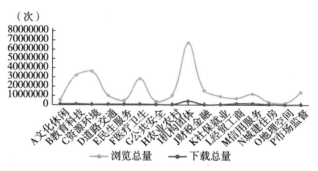

图 4-6 各主题下载量和浏览量

图 4-7 可以看出，单一数据集浏览率最高的主题依次为机构团体、资源环境、教育科技，分别为 8026.73 次 / 条、3267.22 次 / 条、2646.18 次 / 条；最低的为民生服务、公共安全和城建住房，分别为 275.65 次 / 条、401.65 次 / 条和437.06 次 / 条。单一数据集下载率最高的主题依次为机构团体、经贸工商、道路交通，分别为 500.57 次 / 条、195.37 次 / 条、95.17 次 / 条，最低的主题为市场监督、社保就业、财税金融，分别为 24.75 次 / 条、27.34 次 / 条、34.09 次 / 条。从数据分析的结果可以看出，各主体的利用行为情况差异明显。

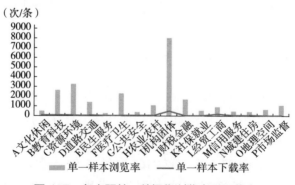

图 4-7 各主题单一数据集浏览率和下载率

图 4-8 与图 4-9 分别展示了各主题单一数据集浏览比 / 下载比，与整体样本浏览率和下载率的对比分析。机构团体、资源环境、教育科技、医疗卫生和财税金融的单一数据集浏览比为前五位；而整体样本浏览率最高的主题依次为机构团体、资源环境、教育科技、医疗卫生和财税金融。单一数据集浏览比和整体样本浏览率的散点图特征分布规律与折线图基本保持一致。单一数据集下载比最高的为机构团体、经贸工商、信用服务、教育科技和文化休闲，整体样本下载率最高的主题为机构团体、经贸工商、道路交通、城建住房和教育科技。单一数据值下载比和整体样本下载率存在些微差距。

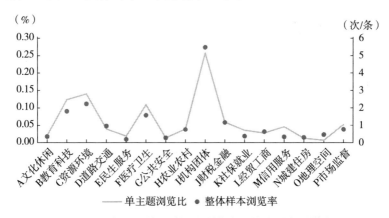

图 4-8　各主题单一数据集浏览比和整体样本浏览率

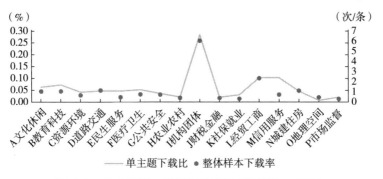

图 4-9　各主题单一数据集下载比和整体样本下载率

第五章
政府开放数据利用效率分析

　　本次研究是在《政府开放数据利用研究报告（2022）》的基础上，对原报告的研究框架进行修改完善。研究对象为 90 个政府开放数据平台，使用后裔爬虫工具并辅以人工提取的方式，获取不同地区的数据开放平台中的主题、数据集、数据接口、数据量、数据格式、元数据等指标信息。

　　研究从平台层面、数据层面、利用层面及影响层面对政府数据进行分析，不同层面包含不同衡量指标。经过多方面对比考虑，最终平台层面选择使用数据集、接口、主题个数等 5 个指标；数据层面选择使用开放性、可获得性等 4 个指标；利用层面选择使用数据应用数量、数据下载率、数据浏览量与下载量 4 个指标；影响层面选择使用数据持续性及数据集评价 2 个指标，表 5-1 是指标具体选取。

表 5-1　评价指标选择

一级指标	二级指标
平台层面	数据平台建设比例
	数据集数量
	数据主题数量
	数据接口数量
	数据容量
数据层面	开放性
	可获得性
	可用性
	数据完整性
利用层面	数据应用数量
	平均浏览量
	平均下载量
	数据下载率
影响层面	数据集评价
	数据持续性

第一节 平台层面

一、全国数据平台建设比例

根据《2022年度全国城市划分》，我国一线城市4个、新一线城市15个、二线城市30个、三线城市70个、四线城市90个、五线城市128个。现就不同等级城市的数据开放平台进行统计（见图5-1）。对全国城市开放政府数据平台进行统计发现：一线城市（北京、上海、广州、深圳）开放数据平台建设率为100%；新一线城市（武汉、成都、天津等）开放数据平台建设率为46.67%；二线城市（珠海、济南、徐州等）开放数据平台建设率为46.67%；三线城市（济宁、威海、乌鲁木齐等）开放数据平台建设率为34.29%；四线城市（日照、开封、大同等）开放数据平台建设率为22.22%；五线城市（萍乡、新余、随州等）开放数据平台建设率为11.72%。由图5-1中的趋势图不难看出，我国政府数据开放率与当地的城市建设水平呈现正相关，四线城市与五线城市的政府开放数据平台建设数量分别是20个、15个，数据平台建设率低。

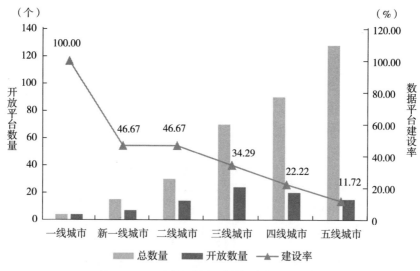

图 5-1 不同等级城市的数据开放平台统计

二、数据集数量

数据集个数是指政府数据平台中每个主题类目下的数据集总量，平台中的数据接口量及数据应用量不属于数据集的范畴。对筛选保留下来的90个省市数据集数量进行统计，图5-2是数据集开放数量较多的政府平台（前十名）。计算90个省市数据集数量的平均值，得到平均值为3144.689，在平均值以上的省市为29个，平均值以下的省市为61个。由此可以看出，不同地区之间的数据集数量差距较大，我国西部地区的平台数据集数量普遍较小，西部地区需要进一步加大平台数据开放力度。平台数据集的中位数为1097。

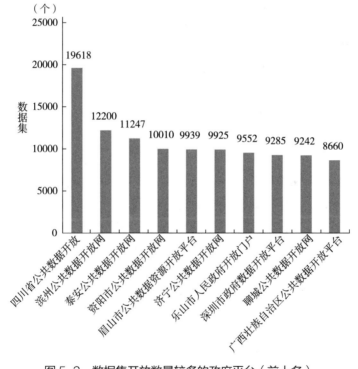

图5-2 数据集开放数量较多的政府平台（前十名）

四川省的数据集个数为19618，在90个数据开放平台中是断层第一。现就四川省各个主题下涉及的数据集数量进行统计分析，得到图5-3。统计发现，四川省开放主题设计种类较多，共有21类主题，包括教育文化、安全生产、信用服务、交通运输等多个领域。在四川省的数据目录领域分类中，存在同一数据目录归属在不同领域的情况，说明四川省对于数据分类有严谨的思考并划分出归类标准。其中，生活服务主题领域下的数据集数量最多，达到 5982 个，占总数据集个数的 30.492%，包含的数据集数量在 1000 个以上的主题依次有财税金融、市场监管、城建住房、教育文化，而法律服务类的主题数据集数量最少，为 55 个。这说明四川省政府极为重视社会民生领域的数据集的开放。

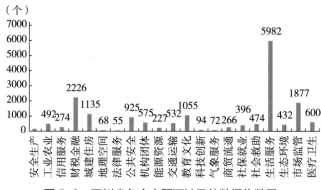

图 5-3　四川省各个主题下涉及的数据集数量

三、数据主题数量

一个数据平台中的主题可以反映出地区政府的数据开放内容与覆盖面，并且主题还能反映出公众的需求面，能够体现政府与民众之间的关联。研究统计了 90 个平台的开放主题数量，图 5-4 是主题数量较多的前十名平台，图 5-5 是数据集主题数量和占比。从主题种类数量上来看，徐州市的主题种类最丰富，宣城、无锡两个地区的主题均较为丰富，均为 28 个，相较于 2021 年来说，图 5-4 中这几个地区的主题种类数量增长幅度明显。90 个平台的主题种类数量平均值为 15 个。

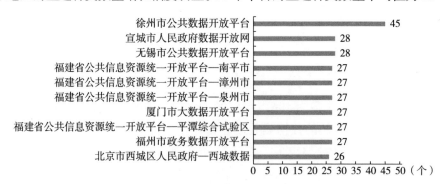

图 5-4　主题数量较多的前十名平台

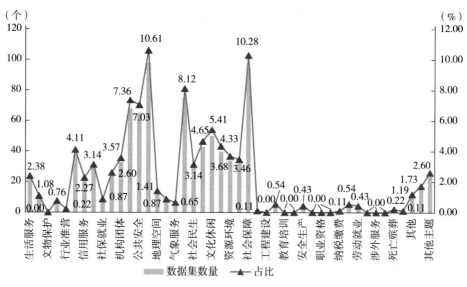

图 5-5 数据集主题数量和占比

四、数据接口数量

数据接口又称为 API（Application Programming Interface）接口，是指平台向公众开放数据的应用程序接口，表示该平台能够以数据接口的方式来获取调用平台数据。通过对 90 个平台统计发现，有 7 个平台没有提供数据接口，分别是重庆市、温州市、樟树市、百色市、德州市、贵港市、上饶市。没有提供数据接口的占比 7.78%。图 5-6 是 90 个平台 API 接口开放比例。

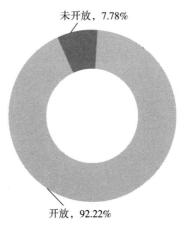

图 5-6 90 个平台 API 接口开放比例

对开放了数据接口的 83 个平台进行统计，得到图 5-7。由图可以看出，山东省的数据接口数量远远大于其他城市，数据接口数量前十名中，位于山东省的有 3 个，位于四川省的也有 3 个，说明以上两省的平台建设比较好。83 个平台的数据接口平均数为 1324.98，只有 19 个地区的数据接口数量是在平均数以上，这说明我国政府数据开放平台在数据接口方面做的还不够好。

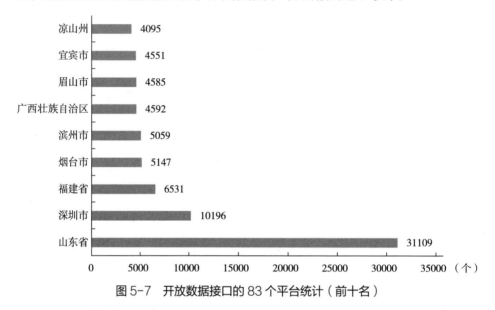

图 5-7　开放数据接口的 83 个平台统计（前十名）

五、数据容量

数据容量是指一个数据平台真正的数据总量，计算方法为平台的数据量（行数）乘以数据项（字段数），图 5-8 为数据容量前十名。从图中可以看出，不同平台的数据容量差异较大。在统计过程中发现，并不是所有平台都能够计算出数据容量，只有 41 个平台能够计算数据容量，在调查的 154 个平台中，超过 50% 的网站并没有提供数据量，所以无法计算数据容量。其中，广西壮族自治区几乎全省都没有提供数据量字段。在可以计算数据容量的 41 个平台中，只有 3 个平台数据容量低于千万，占 7.32%。平均值为 16502423136。在数据容量排名前十的网站中，有 7 个来源于山东省，结合数据集、接口以及应用各种情况来看，山东省的平台建设处于全国领先，各方面的建设情况比较完善。

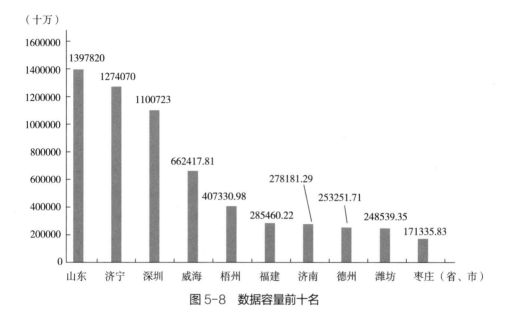

图 5-8　数据容量前十名

第二节　数据层面

一、开放性

　　平台的开放性可以用机器可读表示，因为一个平台的数据开放程度不仅在于平台的数据量，还在于这些数据量能否正常地阅读下载。机器可读标准为 ISO SMART（Standards Machine Applicable，Readable and Transferable，working in the system without human effort），即在没有人员参与的情况下，机器对数据可读、可解析、可用的标准。本书是在 TimBerners-Lee 提出的开放数据五星标准基础上，对机器可读进行统计分析。平台数据如果全方面开放，那么应该是机器可读的形式。用机器可读指标来衡量平台数据是否容易获取与使用，XLS、JSON、XLSX、WMS、RFT、CSV、TXT、XML、RDF 等格式为机器可识别读取的格式，而 DOC、PDF、JPG 为机器不可识别读取的格式。图 5-9 是对 90 个平台是否提供机器可读形式的统计。其中提供机器可读格式的网站覆盖率为 95.6%，绵阳市、扬州市、新余市等网站并不提供机器可读格式。

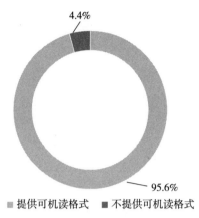

图 5-9 各地提供机器可读格式比例

二、可获得性

数据的可获得性是指民众获取信息的方便性程度，可以用数据的下载格式来进行表示，对 90 个平台的数据下载格式进行统计分析得到图 5-10。从图中可以看出，90 个数据平台的开放数据格式较多，涉及 XLS、JSON、XML、CSV、RDF、接口、XLSX、其他、PDF 等数据格式。其中提供 XLS、JSON、XML、CSV 下载格式的平台数量最大，这与民众使用 Office 办公软件习惯有关。与 2021 年相比，接口格式数量明显上升，能够很大程度上方便用户对数据进行调用。统计发现，各个平台提供的数据集的下载格式较多，且大多是根据用户的下载习惯设置，能够较大程度上满足用户需求。

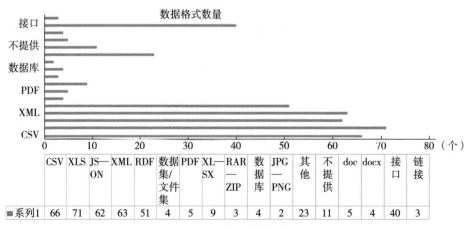

	CSV	XLS	JS—ON	XML	RDF	数据集/文件集	PDF	XL—SX	RAR—ZIP	数据库	JPG—PNG	其他	不提供	doc	docx	接口	链接
系列1	66	71	62	63	51	4	5	9	3	4	2	23	11	5	4	40	3

图 5-10 数据集格式统计

三、可用性

数据的可用性是指政府开放平台数据在多大程度上可以供用户下载使用，包括免费访问、免费获取、非歧视性、自由传播与分享、自由利用等多项权利。对 90 个平台进行搜索发现，这方面的规定大多存在一个网站的用户协议、免责声明、网站声明、服务条款等文件中。图 5-11 是对平台开放授权的统计，可以看出保障该项权利的网站比例为 81.10%，包括广州、广西、成都等地。未明确相关权利的比例为 18.90%，这类网站难以满足用户对于数据的要求。

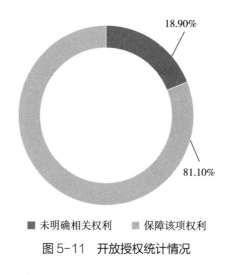

图 5-11　开放授权统计情况

数据可用性包括免费获取、非歧视性、自由利用、自由传播与分享四个方面，现就数据可用性包括的四个方面进行具体统计分析。

（一）免费获取

免费获取是指用户获取平台数据不需要支付任何费用，并且在后续的使用过程中网站也不会向用户征收任何增值加工费用。图 5-12 是对各平台数据"免费获取"授权情况的统计。免费获取目前主要是包括两个方面，分别是现阶段免费，以后是否免费还不确定与不限时免费。从图中可以看出仅有 7.78% 的用户不限时免费，保障该项权利，有 61.11% 的平台该项权利受到限制，有 31.11% 的平台未明确提及该项权利。

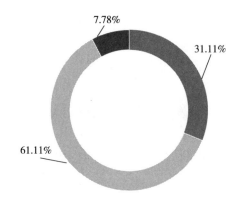

7.78%

31.11%

61.11%

■未明确提及该项权利　■该项权利受到限制　■保障该项权利

图 5-12　"免费获取"授权统计情况

（二）非歧视性

非歧视性是指数据如果开放，那么对于所有人都是同等开放，不会对任何用户带有偏见、歧视。对 90 个平台的网络条款进行研究统计，得到图 5-13。在统计的 90 个平台中，有 76 个平台的条款中未明确提及该项权利，占比为 84%，有 14 个平台明确了保障该项权利，占比为 16%。

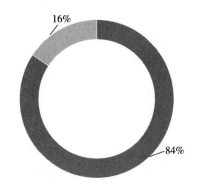

16%

84%

■未明确提及该项权利　■保障该项权利

图 5-13　"非歧视性"授权统计情况

（三）自由利用

自由利用是指用户在获取到平台数据以后，不需要经过平台同意就可以根据自己需要，在法律许可的范围内使用数据。平台相关条款中对该项权利的提及包括"未明确提及该项权利""保障该项权利"与"该项权利受到限制"三类。"该项权利受到限制"是指用户在使用数据时，受到"不能进行商业或非商业的开发活动"之类的明显限制性的话语。图 5-14 为使用三种情况的统计，从中可以看出，仅有 14.45% 的平台保障了该项权利，有 54.44% 的平台该权利受到限制。

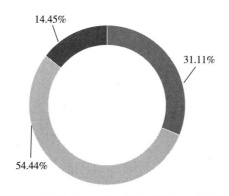

图 5-14　"自由利用"授权统计情况

（四）自由传播与分享

自由传播与分享是指用户在平台获取数据后，可以不受限制地将数据合法地传播与分享给他人。包括"未提及该项权利""保障该项权利""该权利受限""禁止该项权利"四类。图 5-15 是针对于这四类情况对 90 个平台进行统计。由图中可以看出，有 4.45% 的平台明确禁止该项权利；31.11% 的平台未明确该项权利；51.11% 的平台对该项权利进行了限制；有 13.33% 的平台保障该项权利（即可自由传播）。

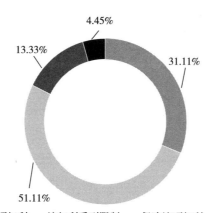

图 5-15　"自由传播与分享"授权统计情况

四、数据完整性

平台的数据完整性可以用平台的元数据条目来表示。元数据即数据的数据，就是对数据进行描述的数据。平台中提供元数据来描述数据集有利于用户对政府提供开放数据的理解，更好地帮助用户确定自身所需信息。对 90 个平台元数据条目进行梳理，最终本书确定了 14 项元数据基本条目，包括数据格式、数据量、标题、描述/摘要、关键字/标签、数据提供方、更新频率、访问量、下载量、数据项、数据主题/领域、用户评分/评论、更新日期、发布日期。图 5-16 是对 90 个平台的元数据条目的分类统计，分析发现不同的平台对于元数据条目设定不同，没有一个统一的标准，但是也有几项元数据条目大部分平台都包含，如标题、描述/摘要、数据提供方、更新日期等。关键字/标签与数据项是平台提供最少的元数据条目，分别只有 56 个与 53 个平台提供。

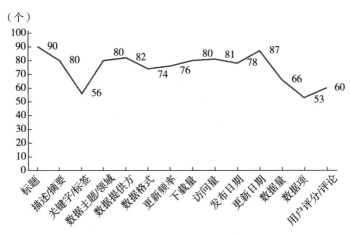

图 5-16　各元数据条目在各平台的分布数量统计情况

第三节　利用层面

一、数据应用

数据应用主要是指平台提供的 APP 数量，可以用来衡量平台将数据转化为实际应用的能力，这是从平台自身的建设角度来探究平台数据利用情况。随

着互联网技术的发展，平台提供的数据应用形式也更加趋向于多元化，包括
APP、小程序、创新报告、Web 应用等多种形式。对 90 个平台的数据应用数
量进行统计，得到图 5-17。图中是提供应用数量较多的前十五名平台，其中广
西壮族自治区提供的应用数量最多，其次为山东省、烟台市、威海市、福建省
等地区。对山东省的应用数量进行具体分析发现，山东省提供的应用种类丰富，
其中城建住房类、生活服务类和财税金融类应用所占比例最大，从而也能够反
映出人们的需求偏向。在 90 个平台中，有 5 个平台的数据应用数量为 0。90
个平台应用平均数为 23，低于平均数的平台有 66 个，比例为 73.33%，这说明
我国政府开放平台的数据应用建设水平不一，有些地区应用建设明显不足，难
以满足用户需求。

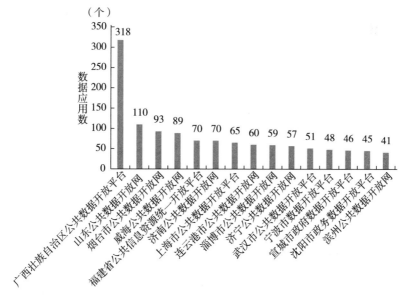

图 5-17　数据应用数量统计（前十五名）

二、平均浏览量与下载量

（一）平均浏览量

使用浏览量可以看出用户对于平台数据集的关注程度，用最大浏览量与
最小浏览量能够看出用户对于数据的需求倾向，这是从用户的角度对数据开
放效率进行的分析。对各个平台的平均浏览量进行统计分析，得到表 5-2。从
表中可以看出深圳、阜阳、福州、福建、山东、杭州、中山、南宁、崇左及

梧州地区的平均浏览量排名前十，其中深圳市与阜阳市远远大于其他平台。各个平台的平均浏览量相差较多，参差不齐，这与平台所提供的数据种类有关。

表 5-2　各平台数据集平均浏览量（前十名）

平台名称	数据集个数	数据集浏览量	数据集平均浏览量
深圳市	9119	217042367	23801
阜阳市	56	622560	11117
福州市	729	4625112	6664
福建省	3737	11214847	3002
山东省	950	2320654	2443
杭州市	243	567636	2336
中山市	1638	3636862	2220
南宁市	603	1254928	2081
崇左市	235	488358	2078
梧州市	222	441006	1987

（二）平均下载量

用户对于数据集的浏览只能代表用户对该数据可能感兴趣，但是并不能代表用户需要使用该数据，而使用下载量可以反映出用户对某个数据的需求情况，同时也能反映出用户使用政府数据的偏好。表 5-3 是对 90 个平台的平均下载量的统计，得到前十名的情况。由于各个政府的数据开放平台的时间不一、开放方式不一，所以使用总的下载量进行比较会有失偏颇，所以本书使用平均下载量来进行省市之间的对比，从表中可以看出，不同平台的数据集平均下载量存在差距，在前十名中，最后一名平均下载量并不高，这说明各平台数据使用率还有待提高。

表 5-3　平台数据集平均下载量（前十名）

平台名称	数据集个数（个）	数据集下载量（次）	数据集平均下载量（次）
嘉兴市	371	622555	1678
深圳市	9119	7357268	807
贵阳市	2531	1878920	742

平台名称	数据集个数（个）	数据集下载量（次）	数据集平均下载量（次）
衢州市	1114	586435	526
中山市	1638	840315	513
芜湖市	528	235220	446
上海市	8010	3276229	409
丽水市	867	226943	262
广州市	1308	301682	231
福州市	729	134994	195

将各个地区的平均浏览量与平均下载量进行对比分析发现，深圳市的平均浏览量排名第一且与第二名相差 1 万多浏览量，平均下载量排名第二，故对深圳市进行一次单独分析。深圳市共有数据集 9119 个，并且每个数据集均有浏览与下载功能，其中数据被浏览次数在 5 万次以上有 63 个数据集，8986 个数据集浏览量在 1 万～5 万次。数据集下载量主要集中在 100~500 次。图 5-18 是对深圳市数据集被浏览次数与下载次数的统计。

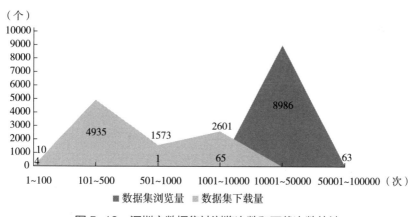

图 5-18　深圳市数据集被浏览次数和下载次数统计

（三）数据下载率

数据下载率是指一个数据集的下载次数与浏览次数的比值，对于一个用户来说，只会下载自身需要的信息，所以下载率能够反映出平台数据受到用户的关注程度以及对用户的有用程度。对 90 个平台的下载率进行计算，得到图 5-19。

图 5-19　平台数据集下载率统计情况

第四节　影响层面

一、数据持续性

使用数据持续性能够反映出该数据自发布以来到数据更新再到数据利用一系列的持续性影响程度。本书使用数据集的发布时间与更新时间来反映数据集持续性。

（一）数据发布时间

本书通过对 90 个平台截至 2022 年 12 月 31 日的最新数据发布时间进行统计分析发现，平台的数据发布时间主要分为不提供、一年前、一年内、半年内、三个月内、一个月内、一周内七种类型。图 5-20 是对这其中类型的统计，发现有 13% 的平台并没有提供数据集的发布时间，类型最多的是一个月内，占比为 39%；其次为一周内，占比为 17%，仅有 4% 的平台数据发布时间为一年前，说明这部分平台近一年没有新的数据集发布。与 2021 年相比，平台数据的上新率有所上升，这说明大部分平台都有新的数据集发布，能够向用户提供新的信息与数据。

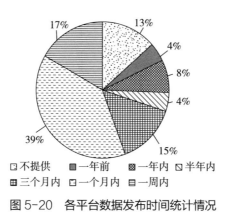

图 5-20　各平台数据发布时间统计情况

（二）数据更新时间

使用数据更新时间可以看出一个网站的数据新颖程度及网站信息的迭代速

度。数据更新时间分为不提供、一年前、一年内、半年内、三个月内、一个月内、一周内七种类型。图5-21是对90个平台的数据更新时间的统计。其中，数据集平均更新时间为一周内的比例为47.78%，有3.33%的平台并没有提供数据更新时间。此外，有5.56%的平台数据集更新时间在一年前，说明这部分平台数据老化比较严重，数据陈旧。

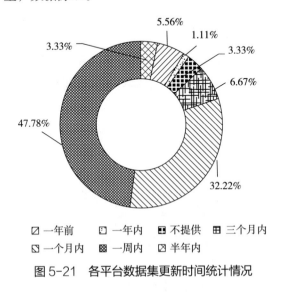

图5-21　各平台数据集更新时间统计情况

（三）数据更新频率

数据更新频率可以反映出平台数据的开放程度。本书中将数据更新分为动态更新与静态更新，其中动态更新包括实时更新、每日 / 周 / 月 / 季度更新，静态更新包括不更新、不定期更新、每年 / 五年 / 十年、按需更新等。从平台角度来看，如果平台数据不及时更新，那么数据会因为老化而失去原本的作用；从用户角度来看，对数据的及时性与准确性要求都比较高，希望平台数据能够及时更新，如果数据过于老旧，那么对用户的作用将会大打折扣，公众也会对政府失望。图5-22是90个平台数据更新频率的动静态分布。从图中可以看出，动态更新的政府数据平台占比较多，约为57.07%，较2021年动态更新的平台数量有所上升。静态更新在多数情况下无法满足用户需求，其中存在一些数据开放平台并没有提供有关于更新频率的描述。

将90个平台的数据更新频率进行汇总分析，得到图5-23。从图中可以看出以一年为单位的更新频率占比最大，为17.86%，实时更新的频率占比为8.92%，还有3.56%的平台没有提供数据更新频率的信息。结合图5-22与图5-23

可以看出我国大部分的政府开放数据平台的数据更新不够及时，这样会严重限制用户对数据的使用，并且对平台数据的开发利用造成阻碍。

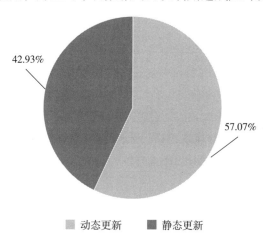

图 5-22　数据更新频率动静态分布统计

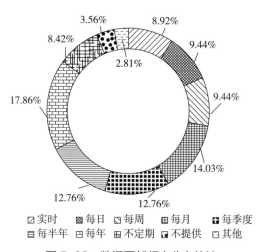

图 5-23　数据更新频率分布统计

在对 90 个平台的更新频率统计中发现，滨州市的数据更新评率较为多样化，包括了未定义、每年、每季度、每半年、每月、每周、每日、不定期等多种方式。滨州市共有数据集 9900 条，图 5-24 是对 9900 条数据集更新方式的统计，从图中可以看出，虽然滨州市的数据更新频率种类繁多，绝大部分数据集采用的每季度更新，更新频率较为及时。但是各平台数据集的更新频率没有一个统一标准，不便于用户使用。

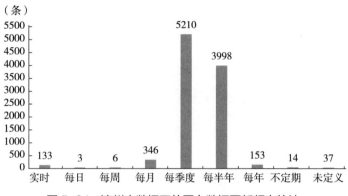

图 5-24　滨州市数据开放平台数据更新频率统计

二、用户评价

用户评价是最能直观反映用户对平台数据建设的满意程度，是用户对平台数据体验的书面表示，用户评价一般存在于平台的互动交流中。在统计中发现，90 个平台中并不是所有的平台都提供了用户评价渠道，从图 5-25 中可以看出只有 66.67% 的平台提供了用户互动交流渠道，而仍然有 33.33% 的平台并没有提供用户评价渠道。在 90 个平台中，滨州市、德州市等不仅让用户能够评价，而且还提供了打分机制，分为更新情况、数据价值、数据质量、数据数量、接口稳定性五个维度。虽然还有些省市地区也提供了数据集评分与评论的方式渠道，但是评论数与评分数均为 0，这说明平台建设过程中对该方面宣传不够到位，并没有让用户交流渠道发挥出真正的作用。

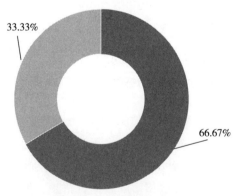

■ 提供数据集评价　■ 不提供数据集评价

图 5-25　数据集评价统计

第六章
结论与对策

第一节　现状

　　本书前几部分已从政府开放数据政策、平台建设、元数据利用情况、政府开放数据利用行为及利用效率五个方面进行量化分析，本章将梳理和总结调研现状及分析结果，深入剖析政府开放数据利用行为中不同呈现结果的内在影响机理及存在的问题，并提出相应的改进对策。

一、政府开放数据政策现状

　　2022 年我国国家层面共出台政府开放数据相关政策 7 条，相关政策主要包括《国务院关于加快推进政务服务标准化规范化便利化的指导意见》《国务院办公厅关于印发 2022 年政务公开工作要点的通知》《国务院办公厅关于加快推进"一件事一次办"打造政务服务升级版的指导意见》《国务院办公厅关于扩大政务服务"跨省通办"范围进一步提升服务效能的意见》《国务院办公厅关于印发第十次全国深化"放管服"改革电视电话会议重点任务分工方案的通知》《国务院办公厅关于印发全国一体化政务大数据体系建设指南的通知》《中共中央　国务院关于构建数据基础制度更好发挥数据要素作用的意见》等。政策主题主要集中在"政务服务""信息建设""政府管理部门"等，旨在号召提升政务处理的效率及便利性，推动政府服务平台的建设和完善。此外，各个省份以及直辖市也积极响应国家号召，2022 年地方省份层面共出台政府开放数据相关政策 109 条，政策主题主要是响应国家政府数据开放利用相关政策以及对地方政府现行平台运营情况的检查，政策主题的价值取向与国家政府数据开放利用的相关政策高度契合，主要以推动政务服务平台建设的一体化、标准化以及拓展政务服务平台业务工作为核心。综上所述，2022 年政府开放数据政策在国家和地方层面形成了相辅相成的政策体系。这一体系以提升政府数字化治理能力为导向，致力于通过高效、透明、便捷的政务服务，对公共数据进行赋能，释放公共数据价值，增强公众的获得感与满意度，满足公众数据需求。

二、政府开放数据平台建设现状

课题组在上年研究的基础上进一步扩大了平台的搜索范围，优化了数据开放平台的分类标准。检索结果显示，截至2022年12月31日，全国共有926个省、市、县、区政府建立了地方性政府数据开放平台（港澳台地区除外）。从平台上线数量来看，2022年我国新增政府数据开放平台26个，平台上线数量同比增长11.30%，但同比增长速度呈现缓慢降低的趋势，这一现象的主要原因在于经济发展较为成熟的地区已基本完成政府开放数据平台的建设，待建空间逐步压缩，建设覆盖面趋于饱和。从平台所属的政府行政层级来看，我国政府开放数据平台建设数量随行政层级的等级降低呈递减势，目前建有政府开放数据平台的省级行政区占省级总量的83.87%，建有政府开放数据平台的副省级行政区在同级中占比为86.67%，地市级行政区中已建政府开放数据平台的地区占同级总体比率为69.07%，县区级行政区的政府开放数据平台占比最低，仅23.56%。相较于2021年，除副省级之外，其余行政层级的政府开放数据平台数量均有所上升，其中地级市的上升幅度最大，这说明2022年的政府开放数据平台的扩建中心在地级市。从平台类型来看，政府数据开放嵌入式平台占比85.42%，嵌入式平台是各地区进行政府开放数据平台建设的首要选项。从平台所属地区来看，我国政府开放数据平台集中分布于华东地区，然后依次是华南、西南和东北，由此可见，华东地区政府开放数据平台建设基础较好，在全国处于领先地位。综上，我国政府开放数据平台建设水平呈现出因政府行政级别、经济发展水平以及区域位置不同而有所差异的特点。这表明，在开放数据平台建设过程中，区域不均衡性问题显著，虽然我国大部分省市的政府开放数据平台已上线，但仍具有较大的发展潜力与完善空间。

三、政府开放数据元数据利用现状

1. 国内外标准视角下元数据的使用现状

课题组对统计样本中的90个政府数据开放平台（80个独立式平台，10个嵌入式平台）的开放数据元数据利用情况进行了调查。《政务信息资源目录编制指南（试行）》中的信息资源分类、信息资源摘要、信息资源提供方、发布日期、更新周期、信息项等核心元数据在各平台中使用频率较高，而信息资源名称、信息资源代码、信息资源提供方代码、共享属性等核心元数据的使用率较低。同上年相比，信息资源名称、信息资源提供方代码、开放属性的使用率下降，信息资源分类、信息资源提供方、关联资源代码、信息项的使用率有比较明显的上升，其他核心元数据的使用率基本持平，无明显变化。参考《GB/T 2106.3–2007 政务信息资源目录体系 第 3 部分：核心元数据》，在各个平台使用的核心元数据中，分类、摘要、关键字说明、提供方、发布日期、元数据标识符等元数据的使用率较高，而名称、标识符、链接地址、元数据维护方、元数据更新日期等元数据的使用率较低。同上年相比，名称、关键字说明、发布日期、链接地址、服务信息的使用率下降，分类、提供方、元数据维护方、元数据更新日期的使用率有所上升，其他核心元数据的使用无明显变化。各平台使用 DC 核心元数据情况中，主题、描述、创建者、日期、关联等核心元数据的使用率较高，而题目、标识符、语种、出版者、其他责任者、覆盖范围、类型、来源、权限等核心元数据的使用率较低。同上年相比，题目、语种、其他责任者、覆盖范围、日期、权限的使用率下降，而主题、创建者、覆盖范围、格式、来源、关联的使用率上升，其他核心元数据的使用率基本不变。

2. 不同元数据类型视角下的使用现状

本书将现有的国内外标准的元数据按照功能进行分类，分成了描述性元数据、管理性元数据、利用性元数据和溯源元数据。在描述性元数据中，内容描述和时空描述元数据使用普遍较高，而数据描述元数据和责任描述元数据使用率则相对较低。管理性元数据总体使用率极低，元数据管理、安全管理和长期保存管理方面的使用率都很低，只有版权管理方面的使用率相对高一些。同上一年相比，元数据管理方面和版权管理方面的元数据使用率有提升，但幅度不大。在利用性元数据方面，有 81.11% 的平台对数据开放的类型进行了标识，标识的主要类型有：无条件开放、有条件开放、主动开放、不予开放、申请开放等数据开放类型或者数据开放方式。同时，下载量、访问量（浏览量）、用户评论 / 评分方面的使用率较高。但共享分类、共享类型、共享条件、数据用途、交换方式的元数据的使用率极低，公开分类方式、公开方式、获取方式、收费说明的元数据的使用率也极低。反映了当前开放数据平台的开放程度较高，但共享利用程度较低，公开利用的程度也较低，平台与平台之间的资源共享可能较为困难。各平台溯源元数据使用方面，同上年相比，除了 Dct：Rights（数据的许可或版权）的使用率上升之外，其他元数据的使用率均下降，且下降幅度较大。

3. 元数据互操作情况

在元数据名称互操作方面，我国政府开放数据平台的元数据几乎涵盖了 DCAT 的所有元数据标准，总体较为丰富。但就单个平台而言，对 DCAT 的元数据使用率较低，目前没有一个平台能完全使用 DCAT 的所有元数据来标注本平台的开放数据，这说明我国的开放数据平台建设还需要完善。在元数据的格式互操作方面，大部分开放数据平台都为开放数据集提供了相对规范的 XLS、CSV、RDF、XML、JSON 等可机读的数据格式，其中 RDF 格式的使用率较低。目前政府开放数据平台的元数据，主要还是在 HTML 网页上以表格的形式显示，以供用户进行阅读查询，并没有提供如 XML、CSV、JSON、RDF、HDF5、JSON-LD 等，可供下载、传输、调用的机器可读的、标准化的格式编码元数据，因此目前尚无法通过下载、传输或调用机器可读的元数据记录来实现元数据格式的互操作。

四、政府开放数据利用行为现状

本书沿用上年政府开放数据利用报告，以数据本身为切入点，从地区、主题和时间三个视角开展政府开放数据利用行为分析。

在区域视角下，在 90 个平台数据样本中，2022 年开放数据集最多的平台为四川省、泰安市、滨州市及资阳市，这些地区的开放数据集数量都达到了万条以上，排名前 10 位的地区主要集中在山东省和四川省，与上年相比整体变化不大。而数据集总量在 8000 条以上的地区为 16 个，这说明我国的政府数据开放工作正顺利推进。在浏览量和下载量方面，深圳市、福建省、上海市、福州市、中山市为 90 个地区中浏览量排名前五位的地区。从数据集、浏览量和下载量的统计总数来看，深圳市所开放的数据集最多。本书将浏览率和下载率细分为地区单一数据集浏览率和地区单一数据集下载率、地区整体样本浏览率和地区整体样本下载率、地区浏览总量比率和地区下载总量比率（详见本书第四章），2022 年 90 个地区公共数据开放平台单一数据集浏览率最高的地区是深圳市、阜阳市、福州市、福建省及山东省，单一数据集浏览率最低的地区是四川省、无锡市和盐城市。单一数据集下载率最高的地区是嘉兴市、深圳市、贵阳市、中山市、衢州市，单一数据集下载率最低的地区有恩施市、重庆市、泰州市等部分地区，均为 0 次 / 条。由此可见，90 个地区平台 2022 年地区单一数据集下载率和浏览率均存在较大差异性。而在地区整体样本浏览率和下载率方面，地区整体样本浏览率最高的地区为山东省、深圳市、阜阳市、福州市、杭州市，最低的地区为四川省、无锡市及盐城市。地区整体样本下载率最高的地区为嘉兴市、深圳市、贵阳市、中山市和衢州市，最低的地区为扬州市、四川省、海南省等，不同地区公共平台政府开放数据利用行为呈现出较为明显的差异性。

在主题视角下，共筛选出 16 个出现半数以上的主题领域，主题中数据集个数最多的三个是信用服务、民生服务和社保就业；最少的三个主题是地理空间、道路交通和城建住房。从浏览量和下载量角度分析，浏览量最多的三个主题依次为机构团体、资源环境、教育科技，下载量排名前三的主题为机构团体、经贸工商和信用服务，可以发现，浏览量与下载量存在一定的关联性，另外开放数据集的总量与其浏览量和下载量没有必然关联。单一数据集浏览率最高的主题依次为机构团体、资源环境、教育科技，单一数据集下载率最高的主题依次为机构团体、经贸工商、道路交通，而整体样本浏览率最高的主题依次为机构团体、资源环境、教育科技、医疗卫生和财税金融。整体样本下载率最高的主题为机构团体、经贸工商、道路交通、城建住房和教育科技。单一数据值下载率和整体样本下载率存在些微差距。

五、政府开放数据利用效率现状

研究从平台层面、数据层面、利用层面及影响层面对政府数据进行分析，最终平台层面选择使用数据集、接口、主题个数等五个指标；数据层面选择使用开放性、可获得性等四个指标；利用层面选择使用数据利用数量、数据下载率、数据浏览量与下载量四个指标；影响层面选择使用数据持续性及数据集评价二个指标。

1. 在平台层面

2022 年全国一线城市开放数据平台建设率为 100%；新一线城市开放数据平台建设率为 46.67%；二线城市开放数据平台建设率为 46.67%；三线城市开放数据平台建设率为 34.29%；四线城市开放数据平台建设率为 22.22%；五线城市开放数据平台建设率为 11.72%。可以看出我国政府数据开放率与当地的城市建设水平呈现正相关。计算 90 个省市数据集数量的平均值，得到平均值为 3144.689，在平均值以上的省市为 29 个，平均值以下的省市为 61 个。由此可以看出，不同地区之间的数据集数量差距较大，我国西部地区的平台数据集数量普遍较小，西部地区需要进一步加大平台数据开放力度。90平台的主题种类数量平均值为15。提供数据接口的83个平台的接口平均数为1324.98，只有19个地区的数据接口数量是在平均数以上，这说明我国政府数据开放平台在数据接口方面做的还不够好。不同平台的数据容量差异较大，结合数据集、接口以及应用各种情况来看，山东省的平台建设处于全国领先，各方面的建设情况比较完善。

2. 在数据层面

在数据开放性方面，提供机器可读格式的网站覆盖率为95.6%。在数据的可获得性方面，90个数据平台的开放数据格式较多，涉及 XLS、JSON、XML、CSV、RDF、XLSX、PDF 等数据格式。其中提供 XLS、JSON、XML、CSV 下载格式的平台数量最大。各个平台提供的数据集的下载格式较多，且大多是根据用户的下载习惯设置，能够较大程度上满足用户需求。

在数据的可用性方面，保障该项权利的网站比例为81.10%，未明确该项权利的比例为18.90%。其中，在免费获取方面，仅有7.78%的用户不限时免费，保障该项权利，有61.11%的平台为该项权利受到限制，有31.11%的平台未明确提及该项权利。在非歧视性方面，90个平台中有76个平台的条款中没有明确提及该项权利，占比为84%，只有14个平台明确保障该项权利，占比为16%。在自由利用方面，仅有14.45%的平台保障该项权利。在自由传播与分享方面，有4.45%的平台明确禁止该项权利;31.11%的平台未明确该项权利;51.11%的平台对该项权利进行了限制；有13.33%的平台保障该项权利（即可自由传播）。

在数据的完整性方面，平台的数据完整性可以用平台的元数据条目来表示，不同平台对于元数据条目设定不同，没有一个统一标准，但是也有几项元数据条目大部分平台都包含，如标题、描述/摘要、数据提供方、更新日期等。关键字/标签与数据项是平台提供最少的元数据条目，分别只有56个与53个平台提供。

3. 在利用层面

在数据应用方面，90个平台应用平均数为23，低于平均数的平台有66个，比例为73.33%，这说明我国政府开放平台的数据应用建设水平不一，有些地区开放数据平台应用建设明显不足，难以满足用户需求。

在平均浏览量与下载量方面，各个平台的平均浏览量相差较多，参差不齐，这与平台所提供的数据种类有关。不同平台的数据集平均下载量存在差距，在前十名中，最后一名平均下载量并不高，这说明各平台数据使用率还有待提高。

4. 在影响层面

在数据持续时间方面，13% 的平台并没有提供数据集的发布时间，类型最多的是一个月内，占比为 39%，其次为一周内，占比为 17%，有 4% 的平台数据发布时间为一年前，说明这部分平台近一年没有新的数据集发布。与上年相比，平台数据的上新率有所提升，这说明大部分平台都有新的数据集发布，能够向用户提供新的信息与数据。数据集平均更新时间为一周内的比例为47.78%，有 3.33% 的平台并没有提供数据更新时间，此外有 5.56% 的平台数据集更新时间在一年前，说明这部分平台数据老化较严重，数据陈旧。而在数据更新频率方面，动态更新的政府数据平台占比较多，约为 57.07%，较上年动态更新的平台数量有所上升。静态更新在多数情况下无法满足用户需求。以一年为单位的更新频率占比最大，为 17.86%，实时更新的频率占比为 8.92%，还有 3.56% 的平台没有提供数据更新频率的信息。可以看出我国大部分政府开放数据平台的数据更新不够及时，这样会严重限制用户对数据的使用，并且对平台数据的开发利用造成阻碍。

在用户评价方面，统计发现，90 个平台并不是所有的平台都提供了用户评价渠道，只有 66.67% 的平台提供了用户互动交流渠道，而仍然有 33.33% 的平台并没有提供用户评价渠道。并且有些平台虽然有该项渠道，但是评论数与评分数均为 0，这说明平台建设过程中对该方面宣传不够到位，并没有让用户交流渠道发挥出真正的作用。

第二节　存在问题

数智时代背景下，政府开放数据意义重大，数据是政府数据开放工作的核心要素，我国将政府开放数据作为战略重点，旨在充分发挥数据价值，提升数据利用效率，驱动政府开放数据赋能数字政府现代化建设，提升行政服务效率，进而促进社会发展。政府作为关键主体，决定数据的来源、去向及提供方式；用户作为服务对象，扮演着接收数据的角色，最终目的是服务用户。数据的流通与利用能够产生实际价值，随着政府开放数据的推进，逐步形成了数据环境，促进了用户对数据的合理利用。用户将利用后的结果反馈给政府，政府根据反馈数据不断完善和改进开放数据工作。

结合课题组对各地区政府开放数据调查结果的分析，本书认为，可以从政府和用户两个角度分析政府数据开放工作中存在的问题。接下来将详细阐述这些问题。

一、从政府角度出发的现存问题

1. 数据标准化与互操作性差

政府开放数据平台在数据标准化与互操作性方面仍面临诸多挑战。首先，不同地级市的开放数据平台设置位置和入口并不统一，部分新增地级市开放数据平台仍然存在于地方政府网站的"政府数据"或"开放数据"栏目中，并未设置独立式的专有平台。这种分散的布局不仅增加了用户查找和访问数据的难度，也导致了数据资源的碎片化，不利于跨区域、跨部门的数据共享与整合。其次，各平台之间的数据格式和标准不一致，使数据的互操作性较差。此外，数据标准问题也一直是数据开放工作亟待解决的核心问题之一，如缺乏统一的元数据标准和元数据描述规范，增加了数据集成的困难；缺乏统一的数据格式标准，使得数据在传播过程中可能需要特定的程序或软件才能使用，从而影响了数据的开放性和易用性，限制了其潜在价值的释放。这些问题不仅影响了数据的可用性和可靠性，也限制了数据在更广泛范围内的应用和创新。

2. 区域性差异显著

在政府开放数据建设中，区域性差异显著，发展状况参差不齐。目前，许多地级市和县区级政府已经认识到数据驱动发展的重要性和潜力，积极响应国家政策，建立了数据开放平台。然而，从地理分布来看，这些平台的建设主要集中在经济较为发达的华东地区，而华南、东北和西南地区的建设相对滞后。整体而言，虽然政府数据开放平台的覆盖率有所提高，但县区级平台的建设率仍然较低，基层数据开放工作亟须加强。此外，不同地区的数据开放平台建设进度和发展水平存在较大差距，这与当地的经济发展水平、技术水平和政策支持力度密切相关。一些经济发达地区不仅平台数量多，而且数据质量和开放度较高，能够有效支持各类应用和服务的创新。而在经济欠发达地区，平台建设相对缓慢，数据资源的开放和利用程度较低，难以充分发挥数据价值。

3. 平台操作不够便捷

区域政府开放数据平台在用户体验和操作便捷性方面存在不足。部分平台的用户界面设计复杂，界面友好度不足，功能布局不合理，导致用户在查找和下载数据时感到不便。此外，部分平台缺乏详细的使用指南和帮助文档，新用户很难快速上手。搜索和下载功能也不够完善，搜索功能不够强大，无法准确匹配用户需求，下载功能烦琐，需要经过多个步骤才能完成。这些因素容易降低用户的满意度，使用户产生对开放数据利用的抵触心理，进而影响数据的利用率。

4. 隐私保护面临困境

政府数据开放对国民经济具有巨大推动作用，持续推进数据开放是大势所趋。但随之而来的是用户信息的隐私保护问题，政府几乎掌握公民所有的个人隐私信息，许多平台在数据发布时未能充分考虑个人隐私保护，导致敏感信息泄露的风险增加。部分数据集包含个人身份信息、健康记录、财务数据等敏感内容，如果处理不当，可能会侵犯公民的隐私权，引发法律和社会问题。此外，一些平台缺乏有效的隐私保护机制和技术手段，如匿名化处理和数据脱敏，难以确保数据在开放过程中的安全性。这些问题不仅影响了公众对政府开放数据的信任，还可能阻碍数据的广泛应用。

5. 数据确权问题突出

数据确权问题是政府开放数据过程中面临的一大难点。在数据开放的过程中，明确数据的所有权、使用权和管理权至关重要。目前许多数据的确权问题尚未得到有效解决，可能会引发一系列潜在问题。首先，数据所有权模糊，许多数据来源复杂，涉及多个部门和机构，数据的所有权归属不明确，易引发争议。例如，某些数据可能是多个部门共同采集和处理的结果，难以确定单一的所有者。其次，使用权界定不清，即使数据的所有权明确，使用权的界定也不够清晰，用户在使用数据时，可能不清楚哪些用途是允许的，哪些是禁止的，这可能导致数据滥用或侵权行为的发生。此外，管理责任不明，数据的管理和维护责任不明确，可能导致数据质量下降和更新不及时，导致数据的质量难以得到保证，进而影响数据的可靠性和可用性。最后，法律和政策支持不足，目前关于数据确权的法律法规和政策体系尚不完善，缺乏明确的指导和规范，这使得数据确权工作缺乏法律依据，难以得到有效执行。

6. 反馈评价体系不够完善

政府开放数据平台存在反馈评价体系不够完善的问题，这可能会对平台的持续优化和用户体验的改进造成不良影响。目前，许多平台缺乏有效的用户反馈机制，用户在使用过程中遇到的问题和建议难以及时传达给管理部门。这导致一些数据质量问题和用户需求得不到及时解决，影响了数据的准确性和实用性。除此之外，大部分平台缺乏对用户反馈的系统性管理和跟踪，使得反馈信息得不到及时处理和回应，导致用户满意度降低。

7. 数据实时性不强

由于平台建设的成熟度欠缺，部分政府开放数据平台在数据实时性方面存在不足。许多数据集的更新频率较低，无法及时反映最新的情况，影响了数据的时效性和实用性。数据滞后不仅降低了数据的可信度和价值，还限制了其在决策支持和实时应用中的作用。例如，关键的经济指标、环境监测数据和公共服务信息等，需要高频次更新以提供准确的信息支持，但实际上，平台数据更新周期较长，维护程度不足，对于用户而言可用性不高，这会影响用户利用数据的积极性。

8. 数据联通性不足

由于数据开放平台建设存在明显区域化以及不同步性，政府开放数据平台在数据联通性方面存在较明显不足。不同部门和机构之间的数据孤岛现象严重，数据资源难以实现有效整合和共享。各平台之间的数据接口和标准不统一，导致数据在跨部门、跨区域的应用中面临诸多障碍。数据的不连通不仅增加了数据整合的成本和难度，还限制数据的价值充分发挥，进而影响跨部门协同工作的效率和整体数据利用的效果。

二、从用户角度出发的现存问题

1. 用户接受程度不高

政府开放数据平台的用户接受程度不高，影响了数据的广泛利用和价值的发挥，主要表现在以下几个方面：①许多用户对开放数据的概念和价值认识不足，缺乏主动使用数据的意识和动力。②平台宣传推广力度不足，用户对平台的功能了解有限，难以形成广泛的用户基础。③数据的复杂性和专业性较高，普通用户在理解和应用数据时面临较大困难。缺乏必要的技术支持和培训，使得用户更难高效使用数据。④数据的质量和更新频率问题也影响了用户的信任度，降低了用户的使用意愿。⑤平台的用户界面设计不够友好，操作复杂，用户体验不佳，进一步降低了用户的接受程度。这些问题不仅会限制数据的广泛传播和应用，也会对政府开放数据工作的整体效果产生影响。

2. 用户数据素养不足

数据素养往往受用户的知识文化水平、教育背景和信息技术能力的影响。

知识文化水平较高的用户更容易理解和应用复杂的数据，而文化水平较低的用户则可能在数据处理和分析上遇到更多障碍。教育背景也在很大程度上决定了用户的数据素养，受过良好教育的用户通常具备更强的数据分析能力和批判性思维。信息技术能力的差异也会影响用户对数据平台的使用效果，技术熟练的用户能够更有效地利用各种工具和资源。大多数用户并不具备十分充足的数据及信息素养，也会影响数据的有效利用和价值发挥。许多用户缺乏基本的数据分析和处理能力，难以充分利用开放数据进行决策支持和创新应用。此外，用户对数据的质量、来源和使用方法了解不足，对数据的判断可能产生偏差，导致在数据选择和应用过程中容易产生问题。这些问题不仅限制了数据的广泛传播和应用，也影响用户对开放数据平台的使用意愿和满意度。

第三节　对策建议

一、完善制度与政策保障

当前中国在数据开放方面缺乏统一的法律法规，地方政府的开放数据工作常常依赖于政策指导，而不是法律的强制性要求。为确保政府数据开放的合法性、有效性和持续性，国家层面需要建立统一的数据开放法律框架，明确政府数据开放的标准、程序和责任追究机制。主要体现在以下五个方面：

（1）制定国家级政府数据开放法律法规。国家相关机构应尽快出台政府数据开放法或类似法规，对数据开放的范围、流程、隐私保护等方面做出明确规定。该法律不仅要为地方政府提供明确的法律依据，还应对不同数据类型进行分类管理。

（2）增强政策协调性。在中央层面，政府各部门需加强政策协同，避免部门间数据标准不一致、开放力度参差不齐的问题。建立跨部门的数据协调机制，确保数据共享和开放的政策统一性。

（3）建立数据开放评价体系。现有的数据开放评估指标体系不够完善，各地在开放质量和效益方面的衡量标准不统一。因此，有必要制定统一的政府数据开放评价体系，定期对各地的数据开放情况进行评估和公布结果，以此督促地方政府持续改进数据开放工作。

（4）设置透明度与实用性评估标准。数据开放的重点不应仅限于数量，更要关注数据的实用性、完整性和可操作性。因此，建议在评价体系中加入对数据透明度和使用价值的评估标准。

（5）定期发布开放数据白皮书。政府应定期发布《政府开放数据白皮书》，公开各地的开放进展和评估结果，通过舆论监督推动数据开放工作深入开展。

二、加强技术支持与基础设施建设

地方政府数据开放平台建设各自为政，缺乏统一的技术标准和平台体系，导致用户使用体验不佳，数据整合困难。为解决这一问题，国家应加快建设全国统一的政府数据开放平台，统一标准、数据格式及接口规范，实现跨部门、跨区域的数据共享和联通。主要体现在以下五个方面：

（1）推动数据标准化与互操作性。制定并推广全国统一的数据开放标准，确保不同地区和部门数据的兼容性，减少数据使用过程中因格式不统一带来的障碍。

（2）优化平台用户体验。在全国平台建设中，要注重用户体验的优化，简化用户访问、下载和使用数据的流程，提升数据开放平台的易用性和友好性。

（3）加强数据安全与隐私保护技术。数据开放不可避免地涉及隐私和安全问题，尤其是在政府大数据开放的背景下，如何保护公民隐私成为社会关注的焦点。因此，政府在推动数据开放时，必须加强数据安全与隐私保护技术的研发与应用。

（4）强化隐私数据脱敏技术。在开放过程中，特别是涉及个人信息和敏感数据时，应采用严格的脱敏处理技术，确保数据在开放的同时不会泄露个人隐私。

（5）构建数据安全监测与应急响应机制。建议政府建立数据安全监测机制，对开放数据平台的安全性进行实时监控，防止数据泄露或滥用。同时，应完善应急响应机制，一旦出现数据安全问题，能快速进行响应和修复。

三、提高数据质量与实用性

目前一些地方政府开放数据仍停留在"数量型开放"，即以数据集的数量为主，忽视了数据质量和用户的实际需求。未来，政府应转向"质量型开放"，从实际应用场景出发，提高数据的实用性和可操作性主要体现在以下五个方面：

（1）注重数据的时效性和完整性。许多政府数据的实效性较差，或存在数据不完整的情况，削弱了其应用价值，政府应优化数据的更新频率，确保数据的实效性与完整性。

（2）丰富数据集的种类。政府应主动开放更多领域的数据，特别是与经济、社会、环境等关系密切的数据，满足不同用户的需求，推动数据创新应用。

（3）加强数据开放过程中的用户参与。政府数据开放不仅是提供数据，还应注重用户的参与反馈机制。通过用户参与，政府可以更好地了解公众需求，改进数据开放工作。

（4）建立用户反馈机制。在开放数据平台上增加用户反馈模块，允许用户对数据集的质量、内容提出意见和建议，以此推动数据集的改进。

（5）推动公众与企业参与数据创新。政府应鼓励企业、研究机构和公众利用开放数据进行创新应用，定期举办数据创新竞赛或黑客马拉松活动，激发社会对开放数据的关注与利用。

四、深化数据应用场景与生态构建

数据开放不仅是为社会提供资源，还应在公共服务中得到充分应用，从而提升政府治理能力和服务质量。政府应积极推动开放数据在教育、医疗、交通等公共服务领域的深入应用，为民众提供更智能、便捷的服务。主要体现在以下五个方面：

（1）推动智慧城市建设。通过开放数据，促进智慧城市的建设与发展，优化城市管理和公共服务。例如，开放交通、环境监测等数据，助力城市规划和应急响应。

（2）提升公共服务智能化水平。在医疗、教育等领域，通过数据开放构建更加精准、智能的公共服务平台，提高政府服务效率和质量。

（3）构建开放数据创新生态。数据开放的价值在于数据的再利用与创新，政府应积极构建一个良性的开放数据创新生态，促进政府、企业、科研机构、社会组织之间的数据共享与合作，形成多方共赢的局面。

（4）推动政府与企业合作。通过数据开放平台与企业建立数据合作机制，推动企业利用政府数据进行创新产品和服务的开发，增强产业竞争力。

（5）促进科研机构的数据研究与应用。为科研机构提供更多高质量的数据支持，助力数据驱动的科学研究，推动数据科学、人工智能等领域的技术突破。

五、加强公众意识与人才培养，提高社会公众的数据开放意识

公众对政府数据开放的了解与参与度较低，限制了开放数据的实际价值。政府应加强公众教育，提升社会对数据开放的认知度，鼓励更多人积极利用开放数据进行创新。主要体现在以下五个方面：

（1）开展数据开放宣传活动。通过媒体、教育机构等渠道，定期开展关于政府数据开放的宣传活动，普及数据开放的相关知识和政策，增强公众对数据开放的兴趣。

（2）鼓励民众参与开放数据创新。可以通过举办公开讲座、开放日等活动，鼓励公众、开发者、企业参与数据创新，推动开放数据生态系统的建设。

（3）加强开放数据相关人才的培养。数据开放工作需要大量的技术人才支持，而目前相关人才的短缺仍然是制约这一领域发展的瓶颈之一。政府应推动数据开放相关人才的培养，加强技术培训与教育，提升数据科学、信息管理等领域的人才储备。

（4）加强大数据人才培养计划。政府应联合高校、科研机构、企业等，推动大数据、数据管理等学科的发展，并提供相关培训和认证，培养更多具备数据分析、处理能力的技术人才。

（5）推动跨学科人才发展。鼓励跨学科人才的发展，如法律、政策、数据科学等，通过培养复合型人才，助力数据开放政策的执行与落地。

第二部分

政府开放数据利用研究报告
（2024）

第七章

政府开放数据政策驱动

第一节 政府开放数据政策变化

近年来，国务院办公厅会同各地区有关部门，深入贯彻习近平总书记关于网络强国的重要思想，认真落实党中央、国务院决策部署，依托全国一体化政务服务平台不断提升政务服务效能，"一网通办"能力显著增强，进一步发挥数据在促进经济社会发展、服务企业和群众等方面的重要作用，推进政务数据开放共享、有效利用，构建完善数据全生命周期质量管理体系，加强数据资源整合和安全保护，促进数据高效流通使用，充分释放政务数据资源价值，推动政府治理流程再造和模式优化，不断提高政府管理水平和服务效能，为创新政府治理、优化营商环境、增强数字政府效能，营造良好数字生态、推进国家治理体系和治理能力现代化提供有力支撑。

"十四五"规划和2035年远景目标纲要对"建设数字中国"已作出重要部署，中共中央、国务院印发《数字中国建设整体布局规划》，进一步为加快建设数字中国提供了顶层设计和战略指引。总的来看，数字中国建设是数字时代推进中国式现代化的重要引擎，对于全面建设社会主义现代化国家、全面推进中华民族伟大复兴具有重要意义，我们要审时度势、精心谋划，在加强统筹协调、推进协同创新、营造良好生态等方面持续发力，加快推进数字中国建设。

党的二十大报告强调："促进数字经济和实体经济深度融合，打造具有国际竞争力的数字产业集群""加强企业主导的产学研深度融合，强化目标导向，提高科技成果转化和产业化水平"。技术创新需要协同发展，而不能单兵作战。加快推进数字中国建设，需要进一步建立健全协同创新机制。主要在以下三个方面采取措施：一是促进多元主体协同创新。促进政府、企业、科研机构、社会组织等多方合作和交流，共同探索实践方案，构建以企业为主体、市场为导向、产学研用深度融合的技术创新体系。二是加强关键核心技术研发。关键核心技术的研发涉及多种资源的协调、多条线路的协同和多个团队的创新，需要有效组织和引导。要加大对基础研究和应用研究的投入和支持，提高原始创新能力和成果转化效率。通过数字技术和网络平台，实现不同创新主体间的协作与不同领域创新资源的共享，形成开放式、网络化的创新格局。三是培育壮大数字经济核心产业。通过协同创新，促进数据高效流通和合理利用，进一步激活数据要素潜能，加强关键数字技术创新应用，提升数字经济核心产业竞争力。

中国数据产量已占到全球数据总量的 10.5%，发挥数据要素的放大、叠加、倍增作用，构建以数据为关键要素的数字经济，是推动高质量发展的必然要求。为深入贯彻党的二十大和中央经济工作会议精神，落实《中共中央　国务院关于构建数据基础制度更好发挥数据要素作用的意见》，2023 年 12 月 31 日，国家数据局等 17 个部门联合印发《"数据要素 ×"三年行动计划（2024—2026年）》（以下简称《计划》）。《计划》以推动数据要素高水平应用为主线，促进多场景应用，先行聚焦工业制造、现代农业、商贸流通等 12 个领域，在行业中发挥数据要素的乘数效应，释放数据要素价值，实现经济规模和效率的倍增。相关部门将通过提升数据供给水平、优化数据流通环境、加强数据安全保障等多重保障措施，促进我国数据基础资源优势转化为经济发展新优势。

《计划》提出，完善数据资源体系，在科研、文化、交通运输等领域，推动科研机构、龙头企业等开展行业共性数据资源库建设，打造高质量人工智能大模型训练数据集。加大公共数据资源供给，在重点领域、相关区域组织开展公共数据授权运营，探索部省协同的公共数据授权机制。引导企业开放数据，鼓励市场力量挖掘商业数据价值，支持社会数据融合创新应用。健全标准体系，加强数据采集、管理等标准建设，协同推进行业标准制定。加强供给激励，制定完善数据内容采集、加工、流通、应用等不同环节相关主体的权益保护规则，在保护个人隐私前提下促进个人信息合理利用。

习近平总书记提出，"中国愿同世界各国一道，携手走出一条数字资源共建共享、数字经济活力迸发、数字治理精准高效、数字文化繁荣发展、数字安全保障有力、数字合作互利共赢的全球数字发展道路，加快构建网络空间命运共同体，为世界和平发展和人类文明进步贡献智慧和力量"。我们应聚焦企业和群众所思所盼，实现政务服务从"能办"向"好办"转变，加大力度持续推进和迭代创新，不断提升企业和群众的获得感和满意度，围绕为民办实事、惠企优服务、"高效办成一件事"，提高创造性执行效能，加快推进数字中国建设，构建网络空间命运共同体，积极构建开放共赢的数字领域国际合作格局。

第二节　政府开放数据年度政策的价值取向

一、国家政策价值取向

2023 年我国出台的国家层面的政府开放数据相关政策共计 4 条，与上年相比持续走低。前一阶段实施的如"放管服"和"最多跑一次"等政府开放数据利用相关政策已趋于完善，目前仍有少部分省份在强调"放管服""一网通办""最多跑一次"等政策的实施。现行政策大力推进依托全国一体化政务服务平台不断提升政务服务效能等工作，数字政府的建设趋于完善。从政策文件内容来看，2023 年出台的政府开放数据利用相关政策集中解决制度规范不够健全、业务办理不够便捷、平台支撑能力不足等问题，加大力度持续推进和迭代创新，不断提升企业和群众的获得感和满意度。图 7-1 是 2018~2023 年我国国家级政府开放数据利用相关政策走向。

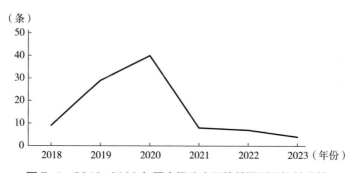

图 7-1　2018~2023 年国家级政府开放数据利用相关政策

"十四五"规划正如火如荼地进行，2023 年正值我国改革开放 45 周年，我国政府开放数据利用也在不断地走向成熟，加大力度持续推进和迭代创新，不断提升企业和群众的获得感和满意度。相关政策包括国务院办公厅《关于依托全国一体化政务服务平台建立政务服务效能提升常态化工作机制的意见》；国务院办公厅关于印发《政务服务电子文件归档和电子档案管理办法》的通知；财政部关于印发《关于加强数据资产管理的指导意见》的通知；国家数据局、交通运输部等十七部门关于印发《"数据要素 ×"三年行动计划（2024—2026

年）》的通知等。相关政策的主要内容包括聚焦急难愁盼，建立健全办事堵点发现解决机制；强化好办易办，建立健全服务体验优化机制；加强协同联动，建立健全平台支撑能力提升机制；做好制度支撑，建立健全效能提升保障机制；建立数据资产管理制度，促进数据资产合规高效流通使用，构建共治共享的数据资产管理格局；在行业中发挥数据要素的乘数效应、释放数据要素价值、实现经济规模和效率的倍增等。相关政策文本内容词云如图 7-2 所示。

图 7-2　2023 年我国国家级政府开放数据利用政策文本词云

二、地方政策价值取向

为响应国家政府开放数据战略，贯彻落实《国务院办公厅关于印发全国一体化政务大数据体系建设指南的通知》，2023 年我国各省以及直辖市为加快建设全省一体化政务大数据体系，纷纷出台了关于本地区一体化政务大数据体系建设若干措施和规划，数字政府建设迎来新阶段。我国各省级政府以及直辖市政务数据开放平台建设趋于完善，在国家政策的要求下，对于平台建设的管理机制、标准规范、安全保障等提出了更进一步的要求，不断提高政府管理水平和服务效能。开展季度政府网站与政务新媒体检查工作并要求被通报的政府在规定的时间内整改。2023 年我国各省以及直辖市出台的政府开放数据相关政策共 77 条，2018~2023 年我国省级政府开放数据利用相关政策如图 7-3 所示。

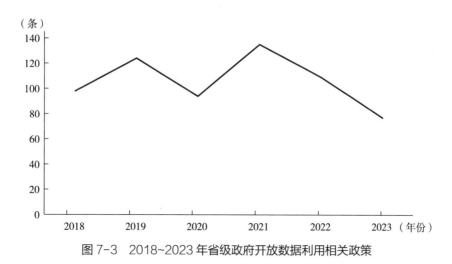

图 7-3　2018~2023 年省级政府开放数据利用相关政策

对 2023 年省级政府出台的政府开放数据利用相关政策进行文本分析后发现，其主题价值取向与国家政府数据开放利用的相关政策仍高度契合。相关政策的主要内容包括响应国家政府开放数据利用相关政策、推动全国一体化政务服务平台建设、拓展政务服务平台业务工作、明确本年度政务公开工作要点、加快推进数字政府建设等。相关政策文本内容词云如图 7-4 所示。

图 7-4　2023 年我国省级政府开放数据利用政策文本词云

第三节　政府开放数据政策主题变化

　　2023 年我国政府开放数据迎来了新的高潮，政策宗旨仍然围绕着"服务"，但"资产""平台""部门"等词出现频率较高，说明当前我国政府开放数据的战略重点发生了转变，强调政府开放数据的利用与价值释放，聚焦于全国一体化政务大数据体系建设、加强跨部门协同联动、促进数据资产合规高效流通使用、释放数据要素价值、构建共治共享的数据资产管理格局、实现经济规模和效率的倍增等方面。

第八章
政府开放数据平台主要内容

第一节　平台建设

政府数据开放平台由各省级部门牵头，是支撑数字政府建设的数据资源服务架构系统。该平台以大数据治理环境下的数字政府建设为背景，以实现数字化政府服务形态转变为目标，依托创新的政府数据开放系统架构，致力于为各级政府部门提供公开数据的下载与服务。让公众在开展政务信息资源的社会化开发利用活动中，便捷地获取到易使用、高质量的政府开放数据，驱动重塑政务信息化架构下的新型政府形态，并推动信息资源增值服务业的发展及相关研究工作开展。

课题组在上年研究的基础上，扩大数据开放平台检索广度，精细化平台数据分类体系。根据中华人民共和国民政部发布的《2022 年 12 月县以上行政区划代码》，对各省市及区县级政府开放数据平台进行了检索。检索方式与上年度政府开放数据利用报告保持一致。首先以"地名＋政府开放数据平台"作为关键词，借助搜索引擎进行检索；其次通过在人民政府官方网站中检索以"数据开放"等包含"数据"字样为板块名称的信息，并对网站数据相关板块中政府数据开放平台的跳转链接窗口进行核查与补充。截至 2023 年 12 月，全国范围内共有 2574 个省、市、县、区级政府建立了地方性政府数据开放平台（港澳台地区除外）。本节将从平台数量、行政级别分布、地区分布及类型四个方面分析 2023 年政府数据开放平台的建设情况。

从平台上线数量来看，为保持时间维度下横向对比的科学性，平台数量对比与上年政府开放数据利用报告相一致，仅对省级、副省级以及地市级政府数据开放平台的上线数量进行对比。2023 我国新增政府数据开放平台 60 个，同比增幅 23.44%。从 2021 年开始，新增平台数量的增长速度逐渐放缓，并进入低速增长阶段。从 2023 年的增长趋势来看，尽管新增平台数量有所增加，但增长幅度相较前些年的大幅波动并不显著，整体趋势显示出增长速度正在趋于平稳。这是由于大多数具备经济条件开设政府数据开放平台的地区已经完成了平台上线,特别是在省级、副省级和地市级政府层面,其建设空间已趋于饱和。尽管我国大部分省市的政府开放数据平台已陆续上线,但目前仍需进一步加强现有平台的发展与潜在平台的建设。历年政府数据开放平台数量的具体增长情况如图 8-1 所示。

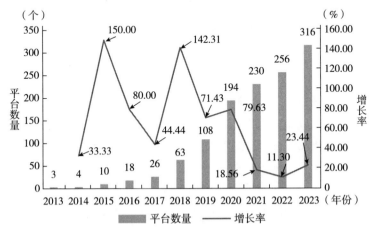

图 8-1 2013~2023 年政府数据开放平台上线总量与增长率统计(不含县区级)

从平台所属的政府行政层级来看,我国省级、副省级、地市级与县区级政府的政府数据开放平台的建设比例均处于较高水平,且在不同的行政层级之间,建设情况的差异并不显著,2023 年国内已上线的政府数据开放平台行政层级占比统计如图 8-2 所示。据中华人民共和国行政区划统计,全国共有 31 个省级行政区(港澳台地区除外)、15 个副省级城市、333 个地市级行政区和 2844 个县区级行政区。目前建有政府数据开放平台的省级行政区占比省级总量的 87.10%,建有政府开放数据平台的副省级行政区占比为 93.33%,地市级与县区级行政区的建设比例分别为 82.58% 和 79.40%。相较于 2022 年,各行政层级的政府数据开放平台数量都有所上升,其中县区级的上升幅度最大,说明 2023 年政府在加大力度推动基层数据开放平台的建设。2023 年,我国省级、副省级、地级、县区级城市平台超过半数,总体上政府数据开放平台的地方上线占比有所提高,尤其是在县区级行政区迅速增长,这表明政府正在积极推进更多的基层单位构建政府数据开放平台,以提高公共服务的透明度和效率,确保信息共享在更广泛的层面上得到实施。

从平台类型来看,政府数据开放嵌入式平台占比高至 94.52%,即各地数据嵌入在该地人民政府官网的栏目中进行开放；数据统一汇聚在一个专门平台上进行开放的独立式平台占比5.48%，与2022年政府数据开放平台类型大致相同，嵌入式平台是各地区进行政府数据开放平台建设的首要选项。通常来说，较低行政层级地区政府数据开放平台的新增往往从嵌入式平台着手建设，有助于平台的管理与发展。同时县区级和地市级的政府数据开放平台的建设空间较大，因此相较于2022年，嵌入式平台数量增量明显，占比有所增加。2023年政府数据开放平台类型统计详情如图8-3所示。

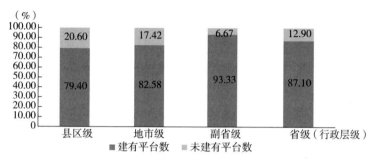

图 8-2　2023 年政府数据开放平台行政层级统计

图 8-3　2023 年政府数据开放平台类型统计

对平台类型的年度变化情况进行具体分析，由图8-4可知，我国2023年度省级、副省级、地级政府数据开放平台与2022年同比整体变化不同，嵌入式平台新增数量（145个）要明显多于独立式平台（10个）。局部地方平台类型存在转化与增减的情况，且2023年由独立式平台转为嵌入式平台数量为1个，而嵌入式平台向独立式平台转化的数量有5个，由此说明，各地的政府数据开放平台逐渐正规化，平台趋于稳定；同时相较于2022年，独立式平台和嵌入式平台的取消数量也有所变化，分别取消了1个和5个。其中，福州市地级市的嵌入式平台取消可能是因为福建省公共数据资源统一开放平台的成立，其中包含了各地级市的政府开放数据。嵌入式平台取消的地区分别属于四川省广安市、巴中市、贵州省贵阳市云岩区以及新疆维吾尔自治区哈密市和巴里坤哈萨克自治县，这些地区大多属于县区级，取消可能是因为下属地级市或者上级省级的政府数据开放平台已经较为规范，防止资源浪费。

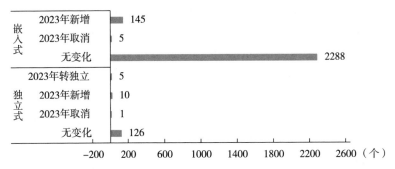

图 8-4　2023 年政府数据开放平台类型变化具体情况统计（不含县区级）

从平台所属地区来看，我国政府数据开放平台集中分布于华东地区，主要体现在以下六个方面：①华东地区以 587 个的总数居于首位，占平台总量的 22.80%；②西南地区拥有 530 个平台，占总量的 20.59%；③华中、西北两个地区平台数量相对持平，分别为 401 个和 396 个；④华南地区有 247 个，占总量的 9.60%；⑤华北地区则有 233 个，占总量的 9.05%；⑥东北地区数量最少，仅 180 个，占总量的 6.99%，平台所属地区分布情况如图 8-5 所示。这一分布状况显示，我国政府数据开放平台的建设以华东地区为主导，西南、华中、西北地区作为重要的发展地区，推动着政府数据开放平台建设的进程，而其他地区则在这方面还有待提升。

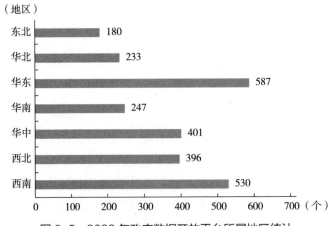

图 8-5　2023 年政府数据开放平台所属地区统计

图 8-6 为结合政府数据开放平台所属地区与行政层级的统计情况，从总体上来看，2023 年各地区平台建设以县区级平台建设为主；副省级、省级平台因其发展空间较小，与 2022 年同比增加 1 个，地市级平台逐步稳定发展。各行政层级平台增量有一定差距，首先是排名相对靠前的地区主要为华中地区，县区级平台增量较多（103 个），同时地级平台增加也比较多（6 个），其次是华东和西南地区，华北和东北地区排名最末；地市级平台总量领先地区为华东地区，数量为 73 个。相较于 2022 年，各地区各行政层级的政府数据开放平台的发展情况都有所下降，尤其是华北地区和东北地区，平台增量均在 5 个以下，发展速度明显降低；华东地区由于往年政府数据开放平台建设基础较好，2023 年的政府数据开放平台发展趋势依旧据领头羊地位；其余地区较上年发展稳定。

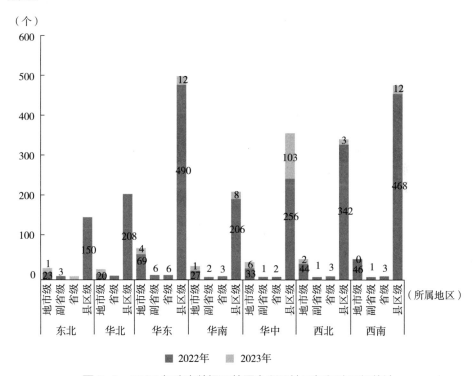

图 8-6　2023 年政府数据开放平台所属地区与行政层级统计

综上所述，可以获悉 2023 年华东地区政府数据开放平台建设基础良好，建设表现优异，华中地区政府数据开放平台建设备受重视，各地区新增建设重点在县区级和地级平台。

第二节　数据集主题

对 2023 年已上线的 2574 个政府数据开放平台中可访问且发布数据集的 193 个平台的主题情况进行统计与分析，了解其主题分类情况，词云效果图如图 8-7 所示。

图 8-7　2023 年部分政府数据开放平台主题大类词云

从现有平台主题大类的关键词提取结果和词云来看，关键词权重排名靠前的词语分别是"公共安全""机构团体""信用服务""城建住房""社保就业""气象服务""交通运输""地理空间""财税金融""安全生产"。一方面，"公共安全"一词的出现频率最高，反映了政府开放数据的核心关注点之一是保障民众的安全，凸显了构建安全环境、维护社会稳定的重要性。另一方面，通过高频词我们可以获悉当下政府开放数据主要集中在安全、文化、交通、农业、信用、教育等社会生活领域。

通过对政府数据开放平台的持续性关注与分析，2023 年各城市平台开放的数据集主题的分类标准延续了 2022 年由分散到集中的统一化趋势，并在集中统一化分类标准下，针对地方实际情况进行具体局部调整。山东地区的政府数据开放平台在沿用了 2022 年统一使用的 19 个主题分类体系（教育科技、文化休闲、地理空间、社保就业、卫生健康、机构团体、城建住房、经贸工商、公共安全、市场监督、交通出行、气象服务、综合政务、社会民生、财税金融、安全监管、农业农村、资源环境、信用服务）的基础上，各所属地区同样在大方向保持一致的情况下进行了局部主题的增减；广西地区的政府数据开放平台的主题分类体系（工业农业、生态环境、科技创新、教育文化、交通运输、社保就业、防疫复工、商业服务、其他、生活服务、医疗卫生、法律服务、资源能源、财税金融、商贸流通、机构团体、公共安全、气象服务、市场监管、安全生产、信用服务、城建住房、社会救助、地理空间）均完成了统一。

综上所述，目前各地政府数据开放平台使用的主题分类地域统一趋势愈加明显，进一步强调了数据的互联互通，方便了同一地区内的平台数据建设与维护，同时并未强制实行"一刀切"，保持了各所属地区的独立性与地方特色性。但诸多省份政府数据开放平台的地域统一性尚有待加强，地区与地区之间仍未出现统一的主题分类标准，同一主题不同地区名称各异、范围不一，在一定程度上阻碍了不同地区之间政府开放数据的共享与联通，同时降低了系统的易用性和通用性。

第三节　开放内容

从国内现有政府数据开放平台来看，数据集、数据接口和数据应用是平台开放的主要内容，可以直观反映出平台中政府开放数据的规模。图8-8~图8-10分别为2023年部分政府数据开放平台数据集数量统计、2023年部分政府数据开放平台数据接口数量统计、2023年部分政府数据开放平台数据应用数量统计。

从2023年现有政府数据开放平台的数据集数量来看，首先是排名第一的为贵州省政府数据开放平台，在政府开放数据集数量排名前十的数据中，占比18.14%，同比2022年有大幅度增加，需要说明的是，贵州省政府数据开放平台的省级集成式平台特性致使该平台数据集数19284个，为该地区省级与所属地级的平台数据集数量总和，其中贵州省省直部门的数据集的数量为3566个，但是由于其下辖的地级市较多，其单个地级市的数据集数量排名并不靠前，所以，在全国范围内，贵州地区开放的数据集的数量规模并不拔尖，其次是北京市公共数据开放平台，数据集数量为18573个。在全国范围内，北京市开放的数据集数量规模遥遥领先。相比之下，辽宁省公共数据开放平台的数据集数量仅为252个，在省级排名最后。

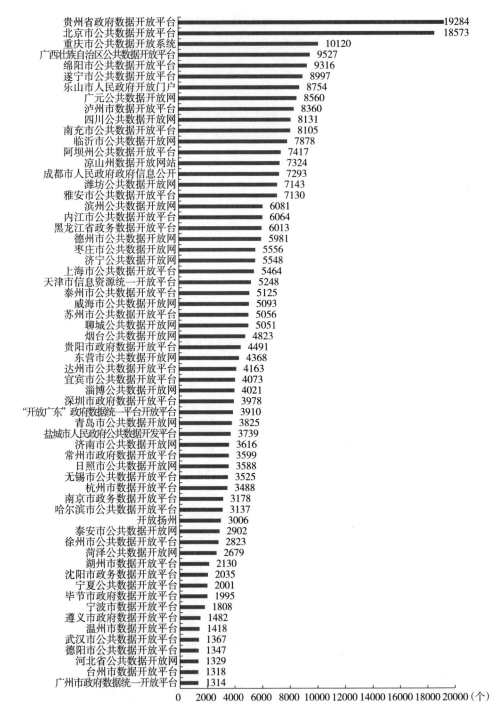

图 8-8 2023 年部分政府数据开放平台数据集数量统计

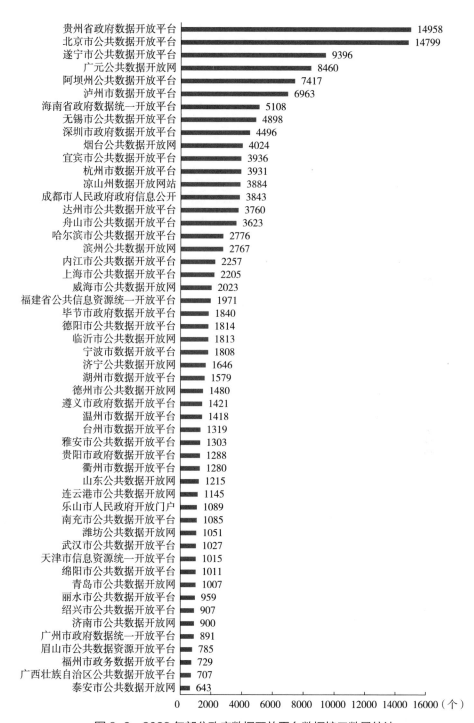

图 8-9　2023 年部分政府数据开放平台数据接口数量统计

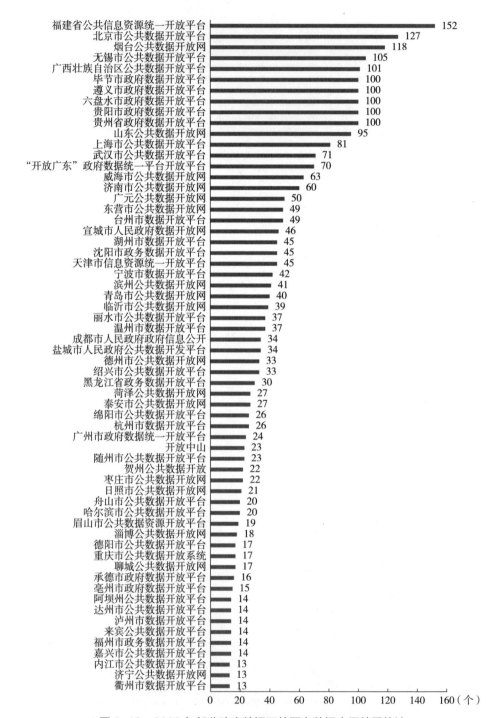

图 8-10 2023 年部分政府数据开放平台数据应用数量统计

从 2023 年现有政府数据开放平台的数据接口数量来看，政府开放数据接口数量排名前五的数据有两个都属于四川省的平台，在全国范围内，四川省开放的接口数量同样呈现出领先优势；而仍有部分省份平台的数据接口数量处于较低水平，同时，有 13 个地区的数据接口数量为 0，其中独立式平台占比约为 15.38%，嵌入式平台占比约为 84.62%，相较于 2022 年，独立式平台所占比例减少，说明独立平台的规范性和专业性正在逐步提高，同时嵌入式平台的专业性和规范性有待进一步加强，整体来说需要提高数据管理与共享水平。

从 2023 年现有政府数据开放平台的数据应用数量来看，排名前十的平台分别隶属于福建、北京、山东、江苏、广西、贵州，省级平台与地级平台占比为 4∶6，说明在上述地区，有效利用政府开放数据资源、开发应用产品，数据应用的开发成果数量领先其他地区，同时相较于 2022 年，地级市政府数据开放平台的数据应用发展迅速。然而，目前尚有 28 个地区存在数据应用数量为 0 的情况，较 2022 年同比数量增加 3 倍，其中不乏有一些省级与副省级平台，这些地方应注重数据应用的建设与开发，真正将数据开放的目的落到实处，便民利民，提高政府数据治理水平。

总的来说，政府相关部门应扩大政府数据开放平台的数据集、数据接口的开放规模，完善平台建设规范，重视数据应用的开发，使用户能更加便捷、有效地利用政府数据，从中创造价值。

第九章

政府开放数据元数据分析

2017 年，国家网信办、国家发展改革委印发了《政务信息资源目录编制指南（试行）》，其中指出元数据描述信息资源特征，元数据中的核心数据是描述数据基本属性与特征的最小集合，一般包括信息资源的名称、内容摘要、提供方、发布日期等内容。元数据是政府数据开放平台的重要组成部分，能对政府开放数据进行描述、管理、利用和溯源。《数字政府建设成效测度与评价的理论、方法及应用研究》课题组对全国现有的 134 个政府数据开放平台（131 个独立式平台，3 个嵌入式平台）的开放数据元数据利用情况进行了调查，总结出目前各个平台政府开放元数据的使用现状，并分析了元数据互操作情况。

第一节 国内外标准视角下政府开放数据元数据的使用现状

2017 年，国家网信办、国家发展改革委印发了《政务信息资源目录编制指南（试行）》（以下简称《指南》），以满足对政府信息资源管理、发布开放和共享交流的需要，建设并完善政府信息资源管理体系，加强国家对政府信息资源的统筹管理。《指南》具体规定了 13 个政务信息资源核心数据来考察政府信息资源的开放现状：信息资源名称、信息资源代码、信息资源分类、信息资源摘要、信息资源提供方、信息资源提供方代码、发布日期、更新周期、信息资源格式、关联资源代码、信息项信息、共享属性、开放属性。从图 9-1 中可以看出，《指南》中的信息资源分类、信息资源摘要、信息资源提供方、发布日期、更新周期、信息项信息等核心元数据在各平台中使用率较高，而信息资源名称、信息资源代码、信息资源提供方代码、共享属性等核心元数据的使用率较低。同上年相比，信息资源名称、信息资源提供方代码、更新周期、信息资源格式的使用率有比较明显的上升，其他核心元数据的使用率基本持平，无明显变化。

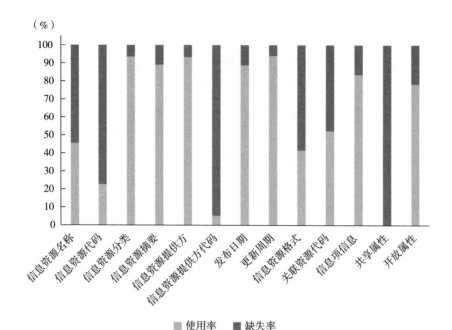

图 9-1　各平台使用《政务信息资源目录编制指南（试行）》核心元数据情况

随着我国交通行业信息化建设的进步，相应的信息资源综合利用与共享程度不断提高，为了更进一步实现信息资源的开发与处理，我国颁布了《GB/T 2106.3-2007 政务信息资源目录体系　第 3 部分：核心元数据》。这是我国首部政府信息管理元数据标准，它描述了 12 个政务信息资源特征的所需核心元数据：名称、标识符、分类、摘要、关键字说明、提供方、发布日期、链接地址、元数据标识符、元数据维护方、元数据更新日期、服务信息，这些核心元数据描述了政务信息资源的标识、内容、管理等信息的表达方法。从图 9-2 中可以看出，在各个平台使用的核心元数据中，分类、摘要、关键字说明、提供方、发布日期、元数据标识符等元数据的使用率较高，而名称、标识符、链接地址、元数据维护方、元数据更新日期等元数据的使用率较低。同上年相比，标识符、摘要、提供方、元数据标识符的使用率下降，名称、分类、元数据维护方的使用率有所上升，其他核心元数据的使用率基本持平，无明显变化。

国际上使用较为广泛的数据集是都柏林核心元素集（Dublin Core Element Set，DC），它规定了一个所有 Web 资源都应遵循的通用核心标准，包括 15 个核心元数据：题目、标识符、主题、描述、语种、创建者、出版者、其他责任者、覆盖范围、日期、格式、类型、来源、关联、权限，这些元数据较为全面地揭示了电子资源的特征。目前我国大部分的数据开放平台都使用了 DC 的核心数据集，从图 9-3 中可以看出，主题、描述、创建者、日期、关联等核心元数据的使用率较高，而题目、标识符、语种、出版者、其他责任者、覆盖范围、类型、来源、权限等核心元数据的使用率较低。同 2022 年相比，标识符、语种、创建者、来源的使用率下降，而题目、主题、语种、其他负责人者、覆盖范围、日期、格式、权限的使用率上升，其他核心元数据的使用率基本不变。

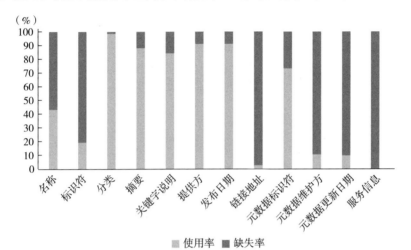

图 9-2 各平台使用《GB/T2106.3-2007 政务信息资源目录
体系 第 3 部分：核心元数据》情况

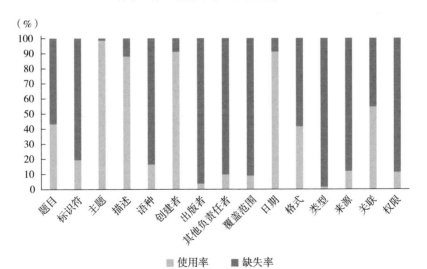

图 9-3 各平台使用 DC 核心元数据情况

第二节　不同元数据类型视角下政府开放数据的使用现状

按照功能进行分类，可将元数据分成描述性元数据、管理性元数据、利用性元数据和溯源元数据。调查发现，各平台使用各类元数据情况有较大的差异。

一、各平台描述性元数据使用情况

描述性元数据可以分为内容描述元数据、时空描述元数据、数据描述元数据和责任描述元数据。从表 9-1 中可以看出，在描述性元数据中，内容描述和时空描述元数据使用普遍较高，而数据描述元数据和责任描述元数据使用率则相对较低。具体来说，分类、领域 / 行业、摘要、关键词、发布日期、更新日期、更新频率、关联信息、数据量、数据项、数据提供方等元数据的使用率较高，而语种、时间范围、媒体类型、字节大小、数据发布方、数据维护方、数据状态等元数据的缺失率较高。同 2022 年相比，标识符、领域 / 行业、摘要、空间范围、来源、更新频率、关联信息、数据项、数据提供方、数据发布方、数据状态的使用率下降，而其他元数据的使用率上升。

表9-1　各个平台描述性元数据使用情况

内容描述	名称	标识符	分类	领域 / 行业	摘要	关键词	语种
使用平台数	58	26	132	115	118	113	22
未使用平台数	76	108	2	19	16	21	112
使用率（%）	43.28	19.40	98.51	85.82	88.06	84.33	16.42
缺失率（%）	56.71	80.60	1.49	14.18	11.94	15.67	83.58
时空描述	时间范围	空间范围	发布日期	更新日期	更新频率	来源	关联信息
使用平台数	15	14	122	131	117	16	73
未使用平台数	119	120	12	3	17	118	61
使用率（%）	11.19	10.45	91.04	97.76	87.31	11.94	54.48
缺失率（%）	88.81	89.55	8.96	2.24	12.69	88.06	45.52

数据描述	数据格式	媒体类型	字节大小	数据量	数据项		
使用平台数	73	0	22	110	91		
未使用平台数	61	134	112	24	43		
使用率（%）	54.48	0	16.42	82.09	67.91		
缺失中（%）	45.52	100.00	83.58	17.91	32.09		
责任描述	数据提供方	提供联系方	数据发布方	数据维护方	数据状态		
使用平台数	122	86	5	13	3		
未使用平台数	12	58	129	121	131		
使用率（%）	91.04	64.18	3.73	9.70	2.24		
缺失率（%）	8.96	35.82	96.27	90.30	97.76		

二、各平台管理性元数据使用情况

管理性元数据可以分为元数据管理、安全管理、版权管理和长期保存管理。从表9-2可以看出，管理性元数据总体使用率极低，元数据管理、安全管理和长期保存管理方面的使用率都很低，只有版权管理方面的使用率相对高一些。在元数据管理方面，各个平台使用的管理元数据率普遍较低，说明各个开放数据平台对开放数据的元数据管理重视程度低。尽管有些平台提供了元数据说明使用的文档（如贵阳市、佳木斯市、杭州市、宁波市），但是里面一般只有元数据名称、元数据说明及其用例，包含的描述信息极少。此外，安全管理、版权管理、数据长期保存管理方面元数据极低的使用率难以保证数据安全、数据版权和数据长期保存管理。

表9-2　各个平台管理性元数据使用情况

元数据管理	元数据标识	元数据联系方	元数据维护方	元数据创建日期	元数据更新日期	元数据语种	元数据版本
使用平台数	98	13	14	13	13	13	0
未使用平台数	36	121	120	121	121	121	134
使用率（%）	73.13	9.70	10.45	9.70	9.70	9.70	0
缺失率（%）	26.87	90.30	89.55	90.30	90.30	90.30	100.00

续表

安全管理	安全等级	安全权限	适用对象	安全风险提示	安全技术	安全日志	
使用平台数	7	0	1	0	0	0	
未使用平台数	127	134	133	134	134	134	
使用率（%）	5.22	0	0.07	0	0	0	
缺失率（%）	94.78	100.00	99.93	100.00	100.00	100.00	
版权管理	版权声明	版权种类	许可信息	许可日期	下载网址	访问URL	
使用平台数	6	15	46	1	126	15	
未使用平台数	128	119	88	133	8	119	
使用率（%）	4.48	11.19	34.33	0.07	94.03	11.19	
缺失率（%）	95.52	88.81	65.67	99.93	5.97	88.81	
长期保存管理	保存方法	保存格式	保存技术	保存系统			
使用平台数	0	0	0	0			
未使用平台数	134	134	134	134			
使用率（%）	0	0	0	0			
缺失率（%）	100.00	100.00	100.00	100.00			

同 2022 年相比，在元数据管理方面和版权管理方面的元数据使用率有所提升，但是提升幅度不大，并且信息缺失的问题仍然十分突出。各个开放数据平台在元数据管理方面的不完善将会导致元数据在不同平台的互操作性遇到管理和技术的困难以及后续一系列的管理问题。

三、各平台利用性元数据使用情况

从表 9-3 可以看出，在利用性元数据方面，有 73.13% 的平台对数据开放的类型进行了标识，标识的主要类型有：无条件开放、有条件开放、主动开放、不予开放、申请开放等数据开放类型或者数据提供方式。同时，下载量、访问量（浏览量）、用户评论 / 评分方面的使用率较高，说明也有较多平台对此进行了标注。但共享分类、共享类型、共享条件、数据用途、交换方式的元数据的使用率极低，公开分类方式、公开方式、获取方式、收费说明的元数据的使用率也极低，说明很少有平台标注这些元数据，这反映了当前开放数据平台的开放程度较高，共享利用程度较低，公开利用的程度也较低，平台与平台之间的资源共享可能较为困难。

表9-3　各个平台利用性元数据使用情况

开放利用	数据分类	开放类型	数据分级	数据处理	数据提供方	下载量	访问量	用户评论/评分
使用平台数	46	98	10	1	39	126	131	130
未使用平台数	88	36	124	133	95	8	3	4
使用率（%）	34.33	73.13	7.46	0.07	29.10	94.03	97.76	97.01
缺失率（%）	65.67	26.87	92.54	99.93	70.90	5.97	2.24	2.99
共享利用	共享分类	共享类型	共享条件	数据用途	交换方式			
使用平台数	0	3	3	0	0			
未使用平台数	134	131	131	134	134			
使用率（%）	0	2.24	2.24	0	0			
缺失率（%）	100.00	97.76	97.76	100.00	100.00			
公开利用	公开分类方式	公开方式	获取方式	收费说明				
使用平台数	0	0	0	0				
未使用平台数	134	134	134	134				
使用率（%）	0	0	0	0				
缺失率（%）	100.00	100.00	100.00	100.00				

四、各平台溯源元数据使用情况

构成大部分国家开放元数据集的基本是W3C政府关联数据工作组（Government Linked Data Working Group）推荐的标准DCAT（Data Catalog Vocabulary）数据目录词汇表，它支持数据目录之间的互操作性，具有较好的操作性和实用性，目前在世界各国被广泛使用。从DCAT-Version 2中抽取属于溯源类的元数据，并对其使用情况进行统计，结果如表9-4所示。

dct：issued（数据集的最早发布时间）、dct：modified（数据集的最新更新时间）、dct：publisher（数据集提供方）、dcat：contactPoint（数据集的联系人信息）、dct：rights（数据的许可或版权）的使用率较高。而dct：source（数据集的来源）、dcat：landingPage（数据集的访问页面）、dcat：downloadURL（数据文件的下载地址）、dcat：accessURL（访问数据的URL）、dct：is Version of或rov：

表9-4　各个平台溯源元数据使用情况

溯源元数据	使用平台数（个）	未使用平台数（个）	使用率（%）	缺失率（%）
数据集的最早发布时间	52	82	38.81	61.19
数据集的最新更新时间	58	76	43.28	56.72
数据集提供方（发布者）	52	82	38.81	61.19
数据集的联系人信息	86	58	64.18	35.82
数据集的来源	19	115	14.18	85.82
数据集的访问页面	25	109	18.66	81.34
数据的许可或版权	46	88	34.33	65.67
访问数据的 URL	15	119	11.19	88.81
数据文件的下载地址	6	128	4.48	95.52
历史版本的变化情况	11	123	8.21	91.79
用户获取数据的权限说明	16	118	11.94	88.06

was Revision of（历史版本的变化情况）、dct：accessRights（用户获取数据的权限说明）的使用率较低。同 2022 年相比，除了 dct：issued（数据集的最早发布时间）、dct：modified（数据集的最新更新时间）、dct：publisher（数据集提供方）、dcat：contactPoint（数据集的联系人信息）、dct：rights（数据的许可或版权）的使用率下降了外，其他元数据的使用率均上升了。

第三节　现有元数据名称差异情况

从目前的调查数据来看，在元数据命名上，各个省市的开放数据平台均存在差别。又因为各个开放数据平台被委托给不同的技术公司，这使各个平台的网页编码 ID、中文名称采用的规则都不同，因此造成网页编码 ID、中文名之间的差异。表 9-5 展示的是部分省级和市级平台之间的差异，此类情况普遍存在于副省级、地市级的网站，除非开放平台采购的是同一套系统平台。此外，各元数据的定义在取值类型上也各有差异。

表9-5　政府开放数据平台的元数据名称命名差异情况（示例）

序号	1	2	3	4
政府开放数据名称	山东公共数据开放网	江西省公共数据开放平台	广州市公共数据开放平台	上海市公共数据开放平台
平台层级	省级	省级	市级	市级
数据集的最早发布时间	发布时间	发布时间	平台发布时间	首次发布日期
网页编码 ID	adv-start-time	publishTime	lastUpdated	open_date
数据集的最新更新时间	数据更新时间	数据更新时间	数据最后更新	更新日期
网页编码 ID	updateTime	dataUpdateTime	lastUpdateTime	update_date
数据集提供方（发布者）	来源部门	数源单位	来源部门	数据提供方
网页编码 ID	orgName	resOrgName	orgName	org_name

第四节　元数据互操作情况分析

元数据的互操作，又叫元数据转换，包括元数据名称、格式、结构等的转换。元数据能否进行互操作，直接影响政府开放数据的资源集中、传输和共享利用的程度，进一步影响开放程度。

一、元数据的名称互操作分析

DCAT-Version 2 词汇表中定义了多个类和属性。调查现有开放数据平台的元数据名称与 DCAT-Version 2 词汇表中的 Class：Cataloged Resource、Class：Catalog Record、Class：Dataset、Class：Distribution 的映射关系后，发现现有开放数据平台的元数据名称大部分可以映射到这 4 个类的各个属性名称（见表 9-6~ 表 9-9），只有少部分属性不可以对应映射，例如，Class：Cataloged Resource 中的 dcat：qualified Relation、prov：qualified Attribution、odrl：has Policy、dct：is Referenced By 和 dct：conforms To 等属性尚没有可以与之映射的平台元数据。

从表9-6~表9-9可以看出，在元数据使用方面，dct：language、dct：publisher、dct：accessRights、dcat：landing Page、prov：was Generated By、 dct：temporal、dcat：

distribution、dcat：mediaType、dcat：byteSize、dcat：accessURL 等元数据的使用率较低，其他元数据使用率均相对较高。

可以看出，我国政府开放数据平台的元数据几乎涵盖了 DCAT 的所有元数据标准，总体较为丰富。但就单个平台而言，其元数据对 DCAT 的元数据复用率较低，目前没有一个平台能完全复用 DCAT 的所有元数据来标注本平台的开放数据，这说明了我国的开放数据平台建设还需要完善。

表 9-6 DCAT 类 Class：Cataloged Resource 元数据映射和使用情况

数据和使用情况		使用平台数	未使用平台数	使用率（%）	缺失率（%）
dct：title	标题	58	76	43.28	56.71
dct：identifier	标识符	26	108	19.40	80.60
dcat：theme	主题 / 类别	132	2	98.51	1.49
dct：discription	描述	118	16	88.06	11.94
dcat：keyword	关键词 / 标签	113	21	84.33	15.67
dct：language	语言	22	112	16.42	83.58
dct：creator	资源创造者	122	12	91.04	8.98
dct：publisher	出版者	5	129	3.73	96.27
dct：issued	发布日期	122	12	91.04	8.96
dct：modified	更新 / 修改日期	131	3	97.76	2.24
dcat：contactPoint	编目资源关联信息	73	61	54.48	45.52
dct：accesssRights	访问权	0	134	0	100
dct：licence	许可证	46	88	34.33	65.67
dct：landingPage	目标网页	3	131	2.24	97.76

表 9-7 DCAT 类 Class：Catalog Record 元数据映射和使用情况

数据和使用情况		使用平台数	未使用平台数	使用率（%）	缺失率（%）
dct：title	标题	58	76	43.28	56.71
foaf：prinaryTopic	主题	132	2	98.51	1.49
dct：description	描述	118	16	88.06	11.94
dct：issued	发布日期	122	12	91.04	8.96
dct：modified	更新 / 修改日期	131	3	97.76	2.24

表 9-8　DCAT 类 Class：Dataset 元数据映射和使用情况

数据和使用情况		使用平台数	未使用平台数	使用率（%）	缺失率（%）
prov：was Geneated BY	由产生	0	134	0	100
dct：temporal	时间范围	15	119	11.19	91.04
dct：spatial	空间 / 地理范围	14	120	10.45	89.55
dct：accrualPeriodicity	频率	117	17	87.31	12.69
dcat：distribution	数据集分布	0	134	0	100

表 9-9　DCAT 类 Class：Distribution 元数据映射和使用情况

数据和使用情况		使用平台数	未使用平台数	使用率（%）	缺失率（%）
dct：title	标题	58	76	43.28	56.71
dct：description	描述	125	9	93.28	6.72
dct：issued	发布日期	122	12	91.04	8.96
dct：modified	更新 / 修改日期	131	3	97.76	2.24
dct：format	格式	73	61	54.48	45.52
dcat：mediaType	媒体类型	0	134	0	100
dcat：byteSize	字节大小	22	112	16.42	83.58
dct：licence	许可证	46	88	34.33	65.67
dcat：downloadURL	下载网址	126	8	94.03	5.97
dcat：accessURL	访问 URL	15	119	11.19	88.81

二、元数据的格式互操作分析

调查数据显示，大部分开放数据平台都为开放数据集提供了相对规范的 XIS、CSV、RDF、XML、JSON 等可机读的数据格式，使用率分别达到 93.27%、79.66%、62.35%、73.25%、86.72%，其中 RDF 格式的使用率较低。有 72 个平台同时提供了五种可机读格式，如山东省、武汉市、宜昌市、上海市、哈尔滨市、杭州市、泰州市、宿迁市、深圳市等省市的平台。多类型的数据格式可以促进不同平台之间传输、共享、转换和利用数据。但目前我国各省市的开放数据平台使用的元数据格式主要是 HTML 网页格式或 TXT 文本格式，HTML 网页格式或 TXT 文本格式的元数据方便读者进行浏览和阅读，但它是非机器可读的格式，而数据开放平台提供的数据格式是一种机器可读的格式，这导致两者在机器可读性上存在一定的差异。

目前政府开放数据平台的元数据，主要还是在 HTML 网页上以表格的形式显示，以供查询者进行阅读查询，并没有提供如 XML、CSV、JSON、RDF、HDF5、JSON-LD 和 Turtle 等可供下载、传输、调用的机器可读的、标准化的格式编码元数据，因此目前尚无法通过下载、传输或调用机器可读、标准化的格式编码元数据记录来实现元数据格式的互操作。

第五节　元数据总体存在的问题

一、元数据标准不统一，质量参差不齐

元数据标准不统一是当前政府开放数据平台面临的关键问题。尽管国家已经颁布了如《政务信息资源目录编制指南（试行）》和《GB/T 2106.3-2007 政务信息资源目录体系　第 3 部分：核心元数据》等元数据标准，旨在规范元数据的命名、定义和使用，但在实际应用中，各平台在接纳这些标准方面表现出了明显的差异性。这种不统一的状况使得用户在不同平台之间理解和使用数据时面临较大难度，需要花费额外的时间和精力适应每个平台的元数据规则。更严重的是，这种不统一严重阻碍了数据间的互操作性与共享性，导致数据孤岛现象越发严重。因此加强元数据标准的统一性和规范性，推动各平台严格按照国家标准执行，对于提高政府开放数据平台的数据质量和利用效率，促进数据的互操作和共享，具有重要的现实意义。

元数据作为政府开放数据平台的"导航仪"，其质量的高低直接关系到用户能否顺利获取并利用数据资源。然而，当前部分平台在元数据的质量上表现出参差不齐的问题，具体表现为信息缺失、错误或更新不及时等。例如，数据集的来源、数据的 URL 链接、数据文件的下载地址等关键元数据，本应是用户获取数据的关键途径，却在实际操作中常常出现缺失或错误，导致用户即使找到了所需数据集，也难以获取到完整的信息，进而影响数据的共享性与可用性。此外，元数据更新不及时也会带来问题，如数据集已被更新或删除，但元数据仍指向旧版本，这不仅会误导用户，还会浪费用户的时间和精力。提升元数据质量，确保信息的完整性、准确性和时效性，对于提高政府开放数据平台

的用户体验和数据价值至关重要。

二、数据更新和维护不足

政府开放数据的元数据更新和维护不足是一个普遍性问题，直接影响了数据的时效性和实用性。元数据的内容需要随着数据集的更新而不断调整，但在实践中，许多部门缺乏专门的更新机制。例如，某些数据集可能每月更新，但元数据中的"更新频率"字段却没有同步修改，这会导致用户误以为数据已经过期或仍然是最新的。此外，有些元数据的时间戳字段缺失，用户无法知道数据上次的更新时间，从而无法判断其是否适合当前需求。

维护不足的背后原因往往包括以下几点：缺乏专门负责元数据管理的人员或团队；没有明确的数据更新责任划分；更新流程冗长复杂，导致数据与元数据同步更新的难度加大。在用户体验上，这种更新和维护不足的现象容易引发混乱。例如，用户在分析数据时可能因为依赖过时的元数据而得出错误结论，这种问题在科学研究、政策制定等领域尤为严重。因此，加强元数据的动态维护与更新机制显得尤为重要。

三、缺乏跨部门协同

跨部门协同的不足在政府开放数据管理中表现出多个方面的问题。例如，不同部门在数据收集、整理和发布过程中，往往会按照各自的标准和需求进行操作，忽视了统一标准和互操作性的建设。由于部门间缺乏有效的沟通和共享机制，类似或相关的数据集可能存在重复发布、数据字段不一致甚至数据冲突的问题。举例来说，同一地区的环境监测数据可能由多个部门分别发布，但数据指标的单位、定义方式或时间范围可能完全不同，给用户整合使用带来了很大的困难。

此外，跨部门协作不足还导致出现了"数据孤岛"现象。一些部门因为担心数据被滥用或担责，往往不愿意公开高质量的元数据或共享关键数据。这种情况的根源还在于激励机制的缺乏，部门没有动力进行数据标准化和协同工作，甚至可能将数据视为部门资产，而非公共资源。有效的跨部门协同需要建立统一的元数据管理平台和操作流程，同时通过政策、法律等形式明确部门间的数据共享义务和责任分工。进一步加强协同能够显著提升政府开放数据的质量和整体价值。

四、用户需求考虑不足

现阶段，我国政府开放数据的元数据设计更多是从提供方的角度出发，忽视了数据使用者的实际需求。这种情况在以下几个方面尤为明显：①信息过于技术化。元数据的字段名称、描述方式等过于专业化，导致非技术用户难以理解。例如，使用复杂的数据库术语来描述字段，或者提供的描述过于简略，没有充分解释字段的含义和使用方法。②缺乏场景化信息。用户希望通过元数据了解数据适合的使用场景，但许多元数据中没有包含这类信息。比如，对于交通流量数据，元数据中缺少其适合用于交通规划还是实时监控的信息。③不足的辅助材料。用户需要数据样本、数据使用案例以及相关技术文档来理解和应用数据，但这些内容往往缺失或难以获取。这不仅增加了用户的学习成本，也限制了数据的推广和使用范围。

第六节 元数据规范建议

一、指定统一的元数据标准体系

针对我国政府开放数据领域元数据缺失、互操作性低及溯源效果不佳的问题，制定统一且强制性的国家级元数据标准显得尤为重要。在遵循我国现有元数据标准的基础上，应借鉴 W3C 政府关联数据工作组发布的 DCAT 标准和 W3C 溯源工作组提出的 PROV-O 溯源元数据元素等国际先进经验，结合我国政府数据开放的实际需求，制定一套全面、规范、易于实施的国家级政府开放数据元数据标准和规范。该标准应涵盖数据的基本描述、质量控制、访问权限、安全管理及溯源信息等多个方面，以确保元数据的完整性、准确性和可追溯性，提升政府数据的互操作性和共享效率。

二、引入元数据动态更新机制

为了解决数据更新和维护不足的问题，建议在元数据管理中引入动态更新机制，使元数据能够随着数据集的变化实时调整。例如，自动更新机制：开发数据与元数据同步更新的技术工具，确保数据集的变化（如新增字段、删除字段、数据范围更新等）能够自动反映在元数据中。更新时间戳：在元数据中增加字段，标记数据集和元数据的最后更新时间。这样可以使用户快速判断数据的时效性。定期维护与检查：建立元数据定期维护制度，要求各部门定期对开放数据的元数据进行检查和更新。例如，每季度检查一次所有元数据的准确性，并公开维护结果。动态更新机制可以有效解决元数据与实际数据脱节的问题，提升用户体验。

三、推动跨部门协作

为缓解跨部门协同不足的问题，需要建立统一的跨部门元数据管理平台和协作机制。

建设一个国家级政府数据开放平台，所有部门的数据及元数据通过此平台进行发布和管理。平台应提供标准化的接口，使各部门能够快速上传和更新元数据；成立由不同部门参与的开放数据管理工作组，负责协调各部门的数据标准化和共享工作，制定一致的管理策略；对积极参与跨部门数据标准化和共享工作的部门给予政策或资金上的奖励。例如，奖励发布高质量元数据的部门，以促进协同合作。跨部门协作机制的引入将有效减少数据孤岛现象，提升数据的整合和共享效率。

四、增强用户导向设计

为了更好地满足用户需求，建议在元数据设计过程中注重用户导向，确保普通用户和专业用户都能够轻松理解和使用元数据。采用简明易懂的语言描述字段含义，避免过于专业的术语。例如，可以在字段说明中提供实际的使用示例。在元数据中增加适用场景、案例分析、数据样例等信息，帮助用户快速了解数据的用途。并且针对不同用户的语言需求，为元数据添加多语言描述，特别是在国际化数据共享的背景下。用户导向设计能够显著提升元数据的实用性和易用性，提升开放数据的社会和经济价值。

第十章
政府开放数据利用行为分析

政府开放数据的目的是促进数据价值挖掘，实现数据使用和开发的最大化，本书沿用 2023 年政府开放数据利用报告，以数据本身作为切入点，从地区、主题和时间三个视角来展开政府开放数据利用行为的分析。通过对比不同地区的下载和浏览相关指标，分析 2023 年政府开放数据平台利用行为的地区性差异；通过分析不同主题政府开放数据下载和浏览相关指标，对利用行为的主题性差异有一定认知；最后将各项对比结果与上年度报告进行对比，把握利用行为在时间视角下的变化。

第一节　区域视角下政府开放数据利用行为

通过对已收集的各地区公共数据开放平台的数据整理，去除没有数据利用情况的平台，以及利用情况统计数据统计不完善的平台，最终确立了 134 个地区的数据作为样本。对平台的数据集总量、浏览总量和下载总量进行统计分析。如图 10-1 所示，2023 年开放数据集最多的地区为贵州省、北京市和重庆市。这些地区的开放数据集数量都达到了万条以上，其中贵州省排名第一，其开放数据集数量达到了 19284 个。从图中可以看出，排名前 10 位的地区主要集中在四川省，与 2022 年相比整体差异不大。值得注意的是，数据集总量在 7000 条以上的地区高达 18 个之多，这表明我国在政府数据开放方面的工作正在稳步推进。

在浏览量和下载量方面，如图 10-2 所示，北京市、深圳市、山东省、福建省、常州市为 134 个地区中浏览量排名前五位的省市，其中北京市的官方网站所统计的 328523736 次，浏览量要远高于排名第二深圳市的 111807529 次，山东省、福建省和常州市分别排第三位、第四位和第五位，浏览量分别为 100595676 次、63283224 次、25308222 次。下载总量排名前五的省市分别为福建省、广东省、山东省、杭州市和贵州省，下载量分别为 26963252 次、25106340

次、13241551 次、13109121 次和 4936393 次。由此可知，福建省、广东省、山东省等地区的政府开放数据备受用户关注，尤其是福建省更为明显，其浏览量和下载量均名列前茅。从数据集、浏览量和下载量的统计总数来看，广东省所开放的数据集最多，而福建省、山东省、杭州市和贵州省公共数据开放平台受到用户的关注度却是相对较高的。而在 2022 年，浏览量排名前五位的地区平台省市为深圳市、山东省、上海市、福州市、中山市，下载量排名前五位的地区平台省市为金华市、福建省、深圳市、宣城市和上海市，2023 年样本数据中的地区排名与上年略有不同，一些省市的数据下载量与浏览量排名有所下滑，而山东省排名较为稳定。

□ 北京	▣ 天津	▤ 河北	▨ 承德	▥ 大同	▦ 阳泉	■ 长治
▣ 高平	▦ 朔州	□ 辽宁	▧ 沈阳	■ 黑龙江	▦ 哈尔滨	▦ 牡丹江
■ 上海	■ 南京	■ 无锡	◪ 徐州	□ 常州	□ 天宁	□ 苏州
▢ 张家港	▨ 昆山	□ 南通	▰ 连云港	◪ 盐城	⊞ 扬州	□ 泰州
▨ 杭州	▦ 宁波	▤ 温州	▨ 嘉兴	▨ 湖州	▨ 绍兴	▦ 衢州
▢ 舟山	□ 台州	▤ 丽水	▦ 合肥	□ 芜湖	□ 淮南	⊞ 淮北
◪ 宿州	▥ 六安	□ 裕安	□ 亳州	□ 宣城	□ 福建	▱ 福州
□ 江西	▤ 赣州	▤ 宜春	◉ 上饶	□ 山东	▤ 济南	▱ 青岛
▰ 淄博	▤ 枣庄	▤ 东营	□ 烟台	▤ 潍坊	▤ 济宁	⊞ 泰安
▢ 威海	□ 日照	▤ 临沂	▨ 德州	□ 聊城	⊠ 滨州	▱ 菏泽
▢ 武汉	□ 黄石	▤ 十堰	□ 宜昌	□ 鄂州	□ 荆门	□ 荆州
■ 黄冈	□ 随州	▤ 恩施	□ 永州	□ 广东	▱ 广州	□ 韶关
▨ 深圳	▨ 佛山	▦ 湛江	▨ 五华	□ 汕尾	□ 河源	□ 阳江
⊞ 清远	▥ 中山	▤ 潮州	▨ 揭阳	□ 云浮	□ 广西	□ 南宁
■ 北海	▥ 钦州	▤ 贵港	□ 玉林	■ 百色	⊠ 贺州	□ 河池
◪ 来宾	⊠ 崇左	▨ 海南	▤ 三亚	□ 重庆	□ 四川	□ 成都
■ 泸州	◐ 德阳	⊞ 绵阳	▨ 广元	□ 遂宁	▰ 内江	□ 乐山
□ 南充	□ 眉山	▤ 宜宾	▤ 达州	□ 雅安	□ 阿坝州	□ 凉山
▥ 贵州	■ 贵阳	▥ 六盘水	□ 遵义	□ 毕节	■ 宁夏	□ 银川
■ 乌鲁木齐						

图 10-1　区域视角下开放数据的数据集总量

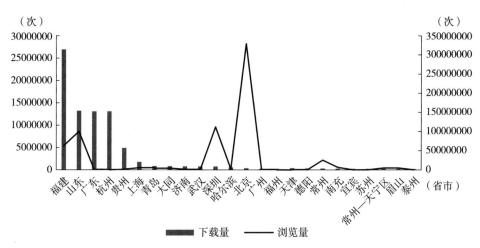

图 10-2　区域视角下开放数据的浏览量和下载量（部分展示）

本节将浏览率和下载率细分为地区单一数据集浏览率和地区单一数据集下载率、地区整体样本浏览率和地区整体样本下载率、地区浏览总量比率和地区下载总量比率。地区单一数据集浏览率和下载率分别指的是 134 个地区的浏览量 / 数据量、下载量 / 数据量。地区整体样本浏览率和下载率分别指的是 134 个地区单一数据集浏览率 / 所有地区单一数据集浏览率之和、单一数据集下载率 / 所有地区单一数据集下载率之和。

如图 10-3 所示，2023 年 134 个地区公共数据开放平台单一数据集浏览率最高的地区是山东省、福建省、天宁区、广东省和深圳市，其数值分别为约 102963.84 次 / 条、67322.58 次 / 条、64895.58 次 / 条、33030.47 次 / 条、28106.47 次 / 条。仍存在某些省市地区的下载量与浏览量均为 0 次 / 条。由此可见，不同地区平台的单一数据集浏览率存在明显差异性。单一数据集下载率最高的地区是广东省、福建省、山东省、六盘水市、杭州市，其数值分别 为 51553.06 次 / 条、28684.31 次 / 条、13553.28 次 / 条、5883.66 次 / 条、3758.35 次 / 条。单一数据集下载率最低为 0 次 / 条，134 个地区平台 2023 年地区单一数据集下载率水平差异相对较大。

根据图 10-4 地区整体样本浏览率和下载率的相关分析，地区整体样本浏览率最高的地区为山东省、福建省、天宁区、广东省和深圳市。地区整体样本下载率最高的地区为广东省、福建省、山东省、六盘水市和杭州市，某些省、市由于其浏览量与下载量均为 0，因为浏览率与下载率也为 0 综合上述分析可得，地区公共平台政府开放数据的利用行为差异明显。

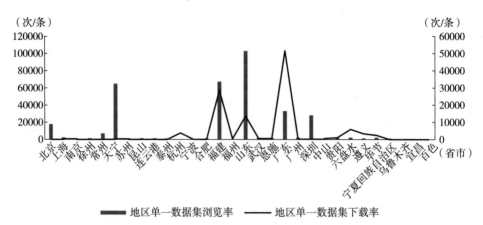

图 10-3 区域视角下单一数据集浏览率和下载率（部分展示）

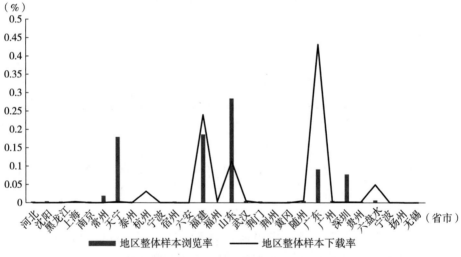

图 10-4 区域视角下地区整体样本平均浏览率和平均下载率（部分展示）

第二节 主题视角下政府开放数据利用行为

通过对 134 个平台样本数据集中数据所属领域的整理，筛选出 16 个出现半数以上的主题领域。在主题命名上，延续上一年度的命名规范，全部 16 个主题分别是文体休闲、教育科技、资源能源、道路交通、民生服务、医疗卫生、公共安全、农业农村、机构团体、财税金融、社保就业、商贸流通、信用服务、城建住房、地理空间和市场监督。

如图 10-5 所示，所有主题中数据集个数最多的三个是民生服务、机构团体和医疗卫生，分别有 39650 个、23022 个和 12683 个；最少的三个主题是地理空间、商贸流通和信用服务，分别为 2182 个、2588 个和 5976 个。

图 10-6 展示了 16 个主题的下载量和浏览量，可以看出浏览量差距较大，最多的三个主题依次为民生服务、教育科技和财税金融，分别为 19579896 次、13348973 次和 10790927 次；浏览量最少的三个主题依次为信用服务、地理空间和商贸流通，分别为 3637376 次、3169752 次和 2562510 次。下载量排名前三的主题分别为民生服务、教育科技和道路交通，分别为 4708607 次、2547175 次和 1914760 次；最少的主题为地理空间、商贸流通和信用服务，分别为 535483 次、449307 次和 349699 次。可以发现，浏览量与下载量存在一定的关联性，例如，民生服务的浏览量和下载量均较高，而地理空间的浏览量和下载量均较低。另外开放数据集的总量与其浏览和下载量没有必然的积极或者消极的影响。一些主题数据集的开放总量较少，但是其浏览量和下载量却较高，这可能是因为这些主题对用户来说具有较高的实用性和关联性。因此，建议未来应重点关注用户浏览量和下载量较高的主题，尽可能多地开放相关数据集，以满足用户对这些主题的更广泛需求，比如教育科技、道路交通、财政金融等。

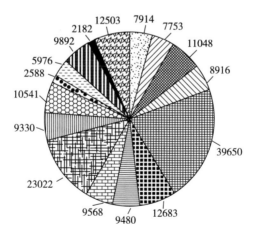

□ A文化休闲	▨ B教育科技	▨ C资源环境	▨ D道路交通	⊞ E民生服务	▥ F医疗卫生
▨ G公共安全	⊞ H农业农村	⊞ I机构团体	▨ J财税金融	▨ K社保就业	▨ L商贸流通
▨ M信用服务	▨ N城建住房	■ O地理空间	▨ P市场监督

图 10-5　各主题数据集个数

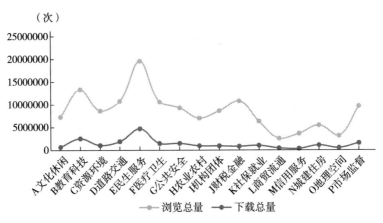

图 10-6　各主题下载和浏览量

图 10-7 可以看出，单一数据集浏览率最高的主题依次为教育科技、地理空间、道路交通，分别为 1721.78 次 / 条、1452.68 次 / 条、1206.81 次 / 条；最低的依次为城建住房、民生服务、机构团体，分别为 553.51 次 / 条、493.82 次 / 条、375.33 次 / 条。单一数据集下载率最高的依次为教育科技、地理空间、道路交通，分别为 328.54 次 / 条、245.41 次 / 条、214.76 次 / 条。从数据分析的结果可以看出，各主体的利用行为情况差异明显，还发现单一数据集的浏览率和下载率存在一定的关联性，比如教育科技的单一数据集浏览率和下载率均排名靠前，社保就业的单一数据集浏览率和下载率均排名靠后。

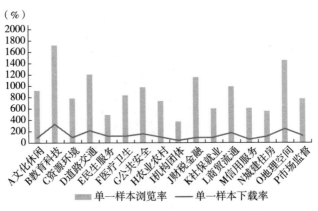

图 10-7　各主题单一数据集浏览率和下载率

图 10-8 与图 10-9 分别展示了各主题单一数据集浏览比和下载比，与整体样本浏览率和下载率的对比分析。单一数据集浏览比排名前五位分别是民生服

务、教育科技、财税金融、道路交通和医疗卫生；而整体样本浏览率最高的主题依次为教育科技、地理空间、道路交通、财税金融、商贸流通。单一数据集浏览比和整体样本浏览率的散点图特征分布规律与折线图的走势规律存在些微差距。单一数据集下载比最高的为民生服务、教育科技、道路交通、市场监督、医疗卫生，整体样本下载率最高的主题为教育科技、地理空间、道路交通、商贸流通、公共安全，单一数据集下载比和整体样本下载率存在些微差距。

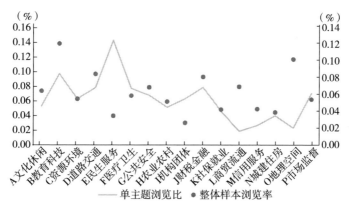

图 10-8　各主题单一数据集浏览比和整体样本浏览率

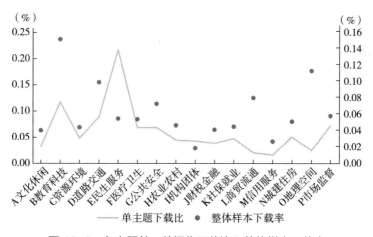

图 10-9　各主题单一数据集下载比和整体样本下载率

第十一章
政府开放数据利用效率分析

本次研究是在《政府开放数据利用报告（2023）》的基础上，对原报告的研究框架进行修改完善，研究对象为 134 个政府开放数据平台。研究团队使用后裔爬虫工具并辅以人工提取的方式，获取不同地区的数据开放平台中的主题、数据集、数据接口、数据量、数据格式、元数据等指标信息。

研究从平台层面、数据层面、利用层面及影响层面对政府数据进行分析，不同层面包含不同衡量指标。经过多方面对比考虑，最终平台层面选择使用数据集数量、数据接口数量、数据主题数量等五个指标；数据层面选择使用开放性、可获得性等四个指标；利用层面选择使用数据应用数量、平均浏览量、平均下载量与数据下载率四个指标；影响层面选择使用数据集评价及数据持续性两个指标，表 11–1 是指标具体选取。

表 11–1　评价指标选择

一级指标	二级指标
平台层面	数据平台建设比例
	数据集数量
	数据主题数量
	数据接口数量
	数据容量
数据层面	开放性
	可获得性
	可用性
	数据完整性
利用层面	数据应用数量
	平均浏览量
	平均下载量
	数据下载率
影响层面	数据集评价
	数据持续性

第一节　平台层面

一、全国数据平台建设比例

根据 2023 年城市等级划分标准，我国有一线城市 4 个、新一线城市 15 个、二线城市 30 个、三线城市 70 个、四线城市 90 个、五线城市 128 个。现就不同等级城市的数据开放平台进行统计。对全国城市开放政府数据平台进行统计发现：一线城市（北京、上海、广州、深圳）开放数据平台建设率为 100%；新一线城市（武汉、成都、天津等）开放数据平台建设率为 66.67%；二线城市（珠海、济南、徐州等）开放数据平台建设率为 63.33%；三线城市（济宁、威海、乌鲁木齐等）开放数据平台建设率为 44.29%；四线城市（日照、开封、大同等）开放数据平台建设率为 37.78%；五线城市（萍乡、新余、随州等）开放数据平台建设率为 18.75%。从图 11-1 中的趋势图不难看出，我国政府数据开放率与当地的城市建设水平呈现正相关，四线城市与五线城市的政府开放数据平台建设数量分别是 34 个、24 个，数据平台建设率低。

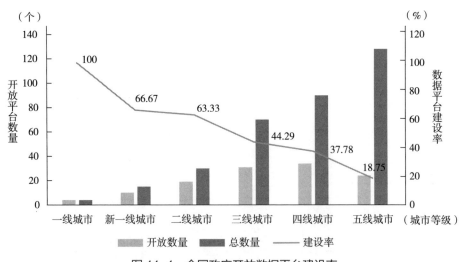

图 11-1　全国政府开放数据平台建设率

二、数据集数量

数据集个数是指政府数据平台中每个主题类目下的数据集总量，平台中的数据接口量及数据应用量不属于数据集的范畴。对筛选保留下来的 134 个省、市数据集数量进行统计，图 11-2 是数据集开放数量最多的前十名政府平台。计算 134 个省市数据集数量的平均值，得到的平均值为 2924.27，在平均值以上的省市为 56 个，平均值以下的省市为 78 个。由此可以看出，不同地区之间的数据集数量差距较大，同时在统计中发现，我国西部地区的平台数据集数量普遍较小，西部地区需要进一步加大平台数据开放力度。

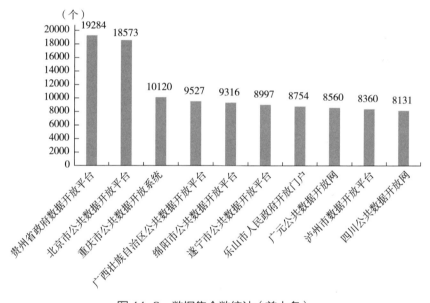

图 11-2　数据集个数统计（前十名）

贵州省的数据集个数为 19284 个，在 134 个数据平台中排名第一，现就贵州省各个主题下涉及的数据集数量进行统计分析，得到图 11-3。统计发现，贵州省开放主题设计种类较多，共有 22 类主题，包括生活服务、文化休闲、工业农业等多个领域。其中，默认主题领域下涉及的数据集个数为 4696 个，占总数据集个数比例的 24.35%，包含的数据集数量在 1000 个以上的主题依次有生活服务、城建住房、机构团体、教育文化、工业农业，而文化休闲类的主题数据集数量最少，为 55 个。说明贵州省政府极为重视社会民生领域的数据集的开放，但仍有大量的数据集没有明确的主题。

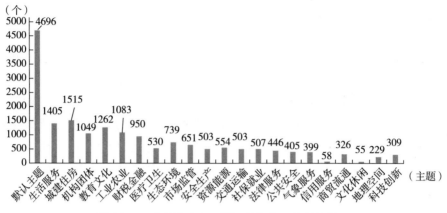

图 11-3　贵州省市各主题下数据集个数统计情况

三、数据主题数量

一个数据平台中的主题可以反映出地区政府的数据开放的内容与覆盖面，并且主题还能反映出公众的需求面，能够体现政府与民众之间的关联。研究统计了 134 个平台的开放主题数量，图 11-4 是主题数量最多的前十名平台。从主题种类数量上来看，徐州市的主题种类最丰富，有 35 个，无锡、福州、湖州等地区的主题较为丰富，相较于 2022 年来说，主题种类数量增长幅度明显。134 个平台的主题种类数量平均值为 19，平均数以上的地区有 84 个，以下的地区有 50 个，占比 37.13%。

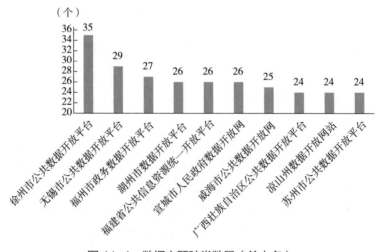

图 11-4　数据主题种类数量（前十名）

图 11-5 是对徐州市数据开放平台主题种类进行具体分析，从中可以看出，在徐州市政府开放数据平台上所开放的数据集主要以社会保障（13.71%）、教育科技（10.37%）类居多，而在劳动就业、医疗卫生、气象服务等最少，均小于 1%。由此可以看出，虽然徐州市主题数据种类多，但是各个主题之间数据集数量的差距较大，该地政府应该加强劳动、医疗、气象等方面的数据建设。

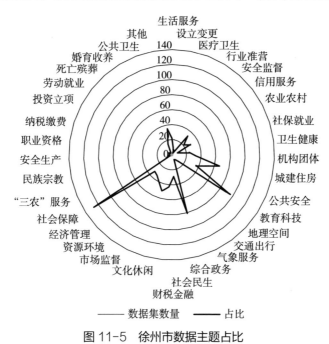

图 11-5　徐州市数据主题占比

四、数据接口数量

数据接口又称为 API（Application Programming Interface）接口，是指平台向公众开放数据的应用程序接口，表示该平台能够以数据接口的方式来获取调用平台数据。通过对 134 个平台统计发现，并不是所有的政府开放数据平台都提供了数据接口，只有 122 个平台提供了数据接口，占比为 91%，仍有 12 个平台没有开放数据接口，占比为 9%，其中包括百色、扬州、朔州、牡丹江等政府开放数据平台。可以发现，数据接口数量相较于 2022 年有明显增长，可在一定程度上说明各平台对数据接口的重视有所提升。图 11-6 是 134 个平台 API 接口开放比例。

对开放了数据接口的 122 个平台进行统计，得到图 11-7。由图可以看出，贵州省和北京市的接口数量远远大于其他城市，122 个平台的数据接口平均数为 1210，只有 37 个地区的数据接口数量是在平均数以上，这说明我国各政府数据开放平台在数据接口方面差异较大。

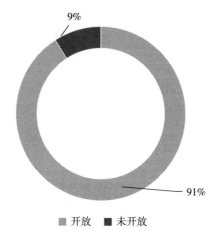

图 11-6　是否开放 API 接口

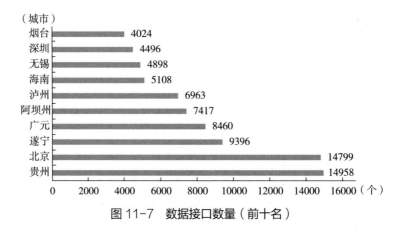

图 11-7　数据接口数量（前十名）

五、数据容量

数据容量是指一个数据平台真正的数据总量，计算方法为平台的数据量（行数）乘以数据项（字段数），图 11-8 是数据容量前十名的平台。从图中可以看出，不同平台的数据容量差异较大。在统计过程中发现，并不是所有平台都提供了网站的数据容量，有 25 个平台并没有提供该信息，同时也没有提供数据项信息，因此无法得到这 25 个平台的数据容量。在能够计算数据容量的

109 个平台中，有 66 个平台提供的数据容量超过 1 亿，徐州市、连云港市、宣城市等 47 个地区的数据容量低于千万，这说明我国整体数据容量分布不均。同时，相较于沿海城市，西北及中部地区的数据容量整体较小，需要进一步加大数据开放力度。

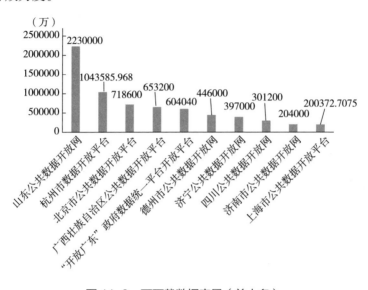

图 11-8 可下载数据容量（前十名）

第二节 数据层面

一、开放性

平台的开放性可以用机器可读进行表示，因为一个平台的数据开放程度不仅在于平台的数据量，还在于这些数据量能否正常的阅读下载。机器可读标准为 ISO SMART（Standards Machine Applicable, Readable and Transferable, Working in the System without Human Effort），即在没有人员参与的情况下，机器对数据可读、可解析、可用的标准。本书是在 TimBerners-Lee 提出的开放数据五星标准基础上，对机器可读进行统计分析。对 134 个平台上的数据格式进行统计分析，得到图 11-9。如果平台数据全方面开放，那么应该是机器可读的形式。用机器可读指标来衡量平台数据是否容易获取与使用，XLS、JSON、

XLSX、WMS、RFT、CSV、TXT、XML、RDF 等格式，而 DOC、PDF、JPG 为机器不可识别读取的格式。图 11-10 是对 134 个平台是否提供机器可读形式的统计。其中提供机器可读格式的网站覆盖率为 91%，有个别网站并不提供机器可读格式。

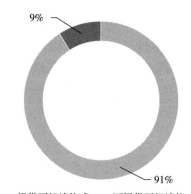

图 11-9　各地提供机器可读格式比例

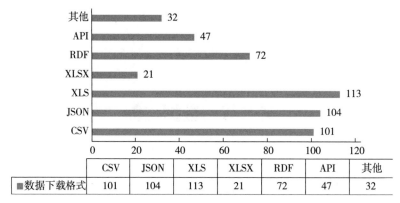

	CSV	JSON	XLS	XLSX	RDF	API	其他
■数据下载格式	101	104	113	21	72	47	32

图 11-10　数据集格式统计

二、可获得性

数据的可获得性是指民众获取信息的方便性程度，可以用数据的下载格式来表示，对 134 个平台的数据下载格式进行统计分析得到图 11-10。从图中可以看出，134 个数据平台的开放数据格式较多，涉及 XLS、JSON、XML、CSV、RDF、XLSX、其他、PDF 等数据格式。其中提供 XLS、JSON、XML、CSV 下载格式的平台数量最多，覆盖率为 80% 以上，这与民众使用 Office 办公软件习惯有关。其中德州、济南、威海、日照等地还提供了 RDF 格式，RDF 格式能提供 URL 链接，有助于用户根据数据来获取原始网页信息。统计发现，各个平台提供的数据集的下载格式较多，且大多是根据用户的下载习惯设置，能够较大程度上满足用户需求。

三、可用性

数据的可用性是指政府开放平台数据在多大程度上可以供用户下载使用，包括免费访问、免费获取、非歧视性、自由传播与分享、自由利用等多项权利。对 134 个平台进行搜索发现，这方面的规定大多写在网站的用户协议、免责声明、网站声明、服务条款等文件中。图 11-11 是对平台开放授权的统计，可以看出保障该项权利的网站比例为 71.64%，包括广州、山东、上海等地。未明确相关权利的比例为 28.36%，这类网站难以满足用户对于数据的要求。

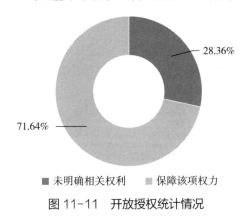

图 11-11　开放授权统计情况

现就数据可用性包括的四个方面进行具体统计分析。

（一）免费获取

免费获取是指用户获取平台数据不需要支付任何费用，并且在后续的使用过程中网站也不会向用户征收任何增值加工费用。图 11-12 是对各平台数据免费获取授权情况的统计。免费获取目前主要包括两个方面，分别是现阶段免费（以后是否免费还不确定）与不限时免费。从图 11-12 中可以看出仅有 13.43% 的用户不限时免费，保障该项权利；有 57.46% 的平台为现阶段免费；有 29.10% 的平台未明确提及该项权利。

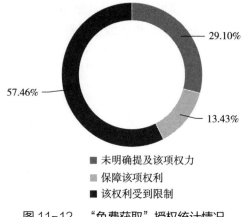

- 未明确提及该项权力
- 保障该项权利
- 该权利受到限制

图 11-12 "免费获取"授权统计情况

（二）非歧视性

非歧视性是指数据如果开放，则对于所有人都是同等开放，不会对任何用户带有偏见、歧视。对 134 个平台的网络条款进行研究统计，得到图 11-13。在统计的 134 个平台中，有 102 个平台的条款中未明确提及该项权利，占比为 76.12%；有 32 个平台明确了保障该项权利，占比为 23.88%。

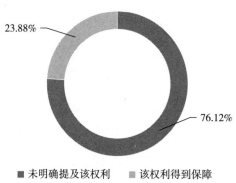

- 未明确提及该权利
- 该权利得到保障

图 11-13 "非歧视性"授权统计情况

（三）自由利用

自由利用是指用户在获取到平台数据以后，不需要经过平台同意就可以根据自己需要，在法律许可的范围内使用数据。平台相关条款中对该项权利的提及包括"未明确提及该项权利""保障该项权利"与"该项权利受到限制"三类。"该项权利受到限制"是指用户在使用数据时，受到"不能进行商业或非商业的开发活动"这之类的明显话语的限制。图 11-14 是对三种情况的统计，从中可以看出，仅有 31.34% 的平台保障了该项权利；有 39.55% 的平台未明确提及该项权利；有 29.10% 的平台对该权利进行了一定的限制。

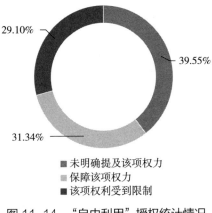

图 11-14　"自由利用"授权统计情况

（四）自由传播与分享

自由传播与分享是指用户在平台获取数据后，可以不受限制地将数据合法地传播与分享给他人。包括"未明确提及该项权利""保障该项权力""该权利受到限制"三类。图 11-15 是针对于这三类情况对 134 个平台进行统计。由图中可以看出，有 20.90% 的平台未明确该项权利；47.76% 的平台对该项权利进行了限制；有 31.34% 的平台保障该项权利（即可自由传播）。

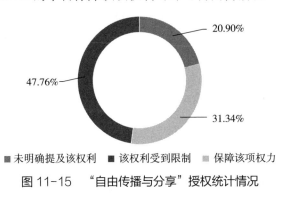

图 11-15　"自由传播与分享"授权统计情况

四、数据完整性

平台的数据完整性可以用平台的元数据条目来表示。元数据即数据的数据，就是对数据进行描述的数据。平台中提供元数据来描述数据集有利于促进用户对政府提供开放数据的理解，更好地帮助用户确定自身所需信息。对 134 个平台的元数据条目进行梳理，最终本书确定了 14 项元数据基本条目，包括数据格式、数据量、标题、描述/摘要、关键字/标签、数据提供方、更新频率、访问量、下载量、数据项、数据主题/领域、用户评分/评论、更新频率、发布日期。图 11-16 是对 134 个平台的元数据条目的分类统计，分析发现不同的平台对于元数据条目设定不同，没有一个统一的标准，但是也有几项元数据条目是每个平台都有，如标题、数据标签、数据主题、数据提供方等。关键字/标签与用户评分/评论是平台提供最少的元数据条目，分别只有 81 个与 99 个平台提供。

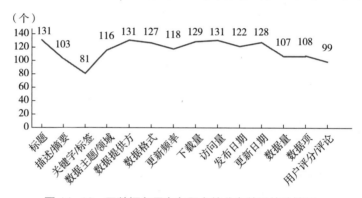

图 11-16　元数据条目在各平台的分布数量统计情况

第三节　利用层面

一、数据应用

数据应用主要是指平台提供的 APP 数量，可以用来衡量平台将数据转化为实际应用的能力，这是从平台自身的建设角度来探究平台数据利用情况。随着互联网技术的发展，平台提供的数据应用形式也更加趋向于多元化，包括 APP、小程序、创新报告、Web 应用等多种形式。对 134 个平台的数据应用数量进行统计，见图 11-17。图中是提供应用数量较多的前十名平台，首先是福建省提供的应用数量最多，其次是北京市、烟台市等地。在 134 个平台中，有 33 个地区的平台数据应用数量为 0。134 个平台应用平均数为 24，低于平均数的平台有 95 个，比例为 70.90%，这说明我国政府开放平台的数据应用建设水平不一，有些地区应用建设明显不足，难以满足用户需求。

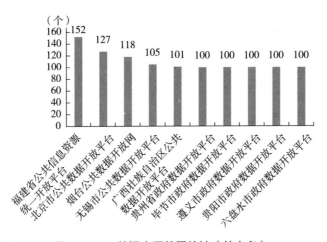

图 11-17　数据应用数量统计（前十名）

二、平均浏览量与下载量

（一）平均浏览量

使用浏览量可以看出用户对于平台数据集的关注程度，用最大浏览量与最小浏览量能够看出用户对于数据的需求倾向，这是从用户的角度来对数据开放效率进行分析。对各个平台的平均浏览量进行统计分析，得到表 11-2。从表中可以看出福建、常州—天宁、广东、深圳、北京、大同、常州、眉山、六盘水、长治十个地区的平均浏览量排名最高，其中福建和常州天宁远大于其余平台。各个平台的平均浏览量相差较多，参差不齐，这与平台所提供的数据种类有关。

表 11-2　各平台数据集平均浏览量（前十名）

平台名称	数据集个数	数据集浏览量	数据集平均浏览量
福建省	940	63283224	67322.57872
常州市—天宁区	78	5061855	64895.57692
广东省	487	16085839	33030.47023
深圳市	3978	111807529	28106.46782
北京市	18573	328523736	17688.24293
大同市	454	4785755	10541.31057
常州市	3599	25308222	7032.015004

续表

平台名称	数据集个数	数据集浏览量	数据集平均浏览量
眉山市	1081	5056023	4677.172063
六盘水市	839	1962011	2338.511323
长治市	95	208535	2195.105263

（二）平均下载量

用户对于数据集的浏览只能代表用户对该数据可能感兴趣，但是并不能代表用户需要使用该数据，而使用下载量可以反映出用户对某个数据的需求情况，同时也能反映出用户使用政府数据的偏好。表11-3是对134个平台的平均下载量较多的前十名平台的情况。由于各个政府的数据开放平台的时间不一、开放方式不一所以使用总的下载量进行比较会有失偏颇，所以本书使用平均下载量来进行省市之间的对比，从表中可以看出，不同平台数据集的平均下载量差距较大，在前十名中，第一名与最后一名相差5万，这说明各个平台的数据集的用户使用率相差较大。

表11-3 各平台数据集平均下载量（前十名）

平台名称	数据集个数	数据集下载量	数据集平均下载量
广东省	487	25106340	51553.05955
福建省	940	26963252	28684.31064
六盘水市	839	4936393	5883.662694
杭州市	3488	13109121	3758.348911
遵义市	1482	4936393	3330.89946
毕节市	1995	4936393	2474.382456
大同市	454	847289	1866.27533
贵阳市	4491	4936393	1099.174571
济宁市	5548	3755827	676.9695386
随州市	541	335152	619.5046211

将各个地区的平均浏览量与平均下载量进行对比分析发现，福建省的平均浏览量排名第五，平均下载量排名第一并且遥遥领先，因此对福建省进行一次单独分析。福建省共有数据集940个，并且每个数据集都提供了浏览与下载功能，图11-18是对福建省数据集被浏览次数与下载次数的统计。

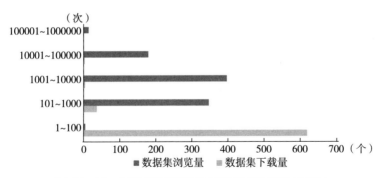

图 11-18　福建省数据集被浏览次数和下载次数统计

（三）数据下载率

数据下载率是指一个数据集的下载次数与浏览次数的比值，对于一个用户来说，只会下载自身需要的信息，所以使用下载率能够反映出平台数据受到用户的关注程度以及对用户的有用程度。对 134 个平台的下载率进行计算，得到图 11-19。

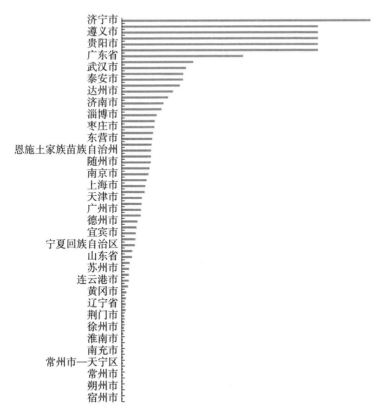

图 11-19　各平台数据集下载率统计情况（部分展示）

第四节　影响层面

一、数据持续性

使用数据持续性能够反映出该数据自发布以来到数据更新再到数据利用一系列的持续性影响程度。本书使用数据集的发布时间与更新时间来反映数据集持续性。

（一）数据发布时间

本书通过对 134 个平台的数据发布时间进行统计分析发现，平台的数据发布时间主要分为不提供、一年前、一年内、半年内、三个月内、一个月内、一周内七种类型。图 11-20 是对这其中类型的统计，发现有 14% 的平台并没有提供数据集的发布时间，首先，类型最多的是一个月内，占比为 27%；其次，一年内占比为 21%，有 14% 的平台数据更新方式为一周内。与 2023 年的开放数据报告相比，平台数据更新频率有所上升。调查期间，仅有 15 个地区并没有发布时间相关信息的公布，这说明我国各地区整体对数据及时公开的重视程度有所上升，但仍有一部分地区的信息公开时间不够明确，不利于信息的及时传播与有效利用。

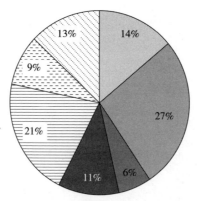

　　　☒不提供　▨一月内　▨三月内　■半年内　▤一年内　⊟一年前　▨一周内

图 11-20　各平台数据发布时间统计情况

（二）数据更新时间

使用数据更新时间可以看出一个网站的数据新颖程度及网站信息的迭代速度。数据更新时间分为一年前、一年内、半年内、三个月内、一个月内、一周内六种类型。图 11-21 是对 134 个平台的数据更新时间的统计。其中，所有平台都提供了数据更新时间，数据集平均更新时间为一个月内的比例为 56.72%，数据集平均更新时间为一周内的比例为 16.42%。

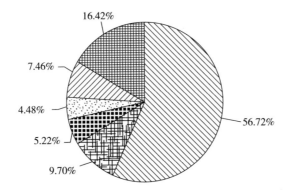

16.42%
7.46%
4.48%
5.22%
9.70%
56.72%

▨一个月内　▥三个月内　田半年内　▢一年内　▱一年前　⊞一周内

图 11-21　各平台数据集更新时间统计情况

（三）数据更新频率

数据更新频率可以反映出平台数据的开放程度。在本节中将数据更新分为动态更新与静态更新，其中动态更新包括实时更新、每日/周/月/季度更新，静态更新包括不更新、不定期更新、每年/五年/十年、按需更新等。从平台角度来看，如果平台数据不及时更新，那么数据会因为老化而失去原本的作用；从用户角度来看，对数据的及时性与准确性要求都比较高，希望平台数据能够及时更新，如果数据过于老旧，那么对用户的作用将会大打折扣，公众也会对政府失望。图 11-22 是 134 个平台数据更新频率的动静态分布。从图中可以看出，大部分的政府数据平台是动态更新，小部分是静态更新，还有一小部分平台未提供数据更新频率，如揭阳市、佛山禅城、大同市等平台均没有更新频率的描述。

将 134 个平台的数据更新频率进行汇总分析，得到图 11-23。从图中可以看出以一年为单位的更新频率占比最大，为 66.06%，实时更新的频率占比为 3.67%。结合图 11-21 ~ 图 11-23 可以看出我国大部分的政府开放数据平台的数据更新不够及时，这样会严重限制用户对数据的使用，并且对平台数据的开发利用造成阻碍。

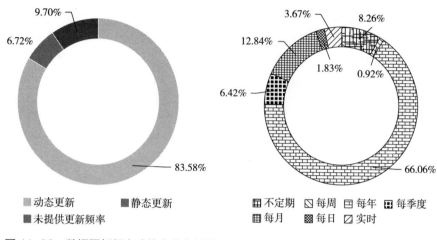

图 11-22　数据更新频率动静态分布统计　　图 11-23　数据更新频率分布统计

在对 134 个平台的更新频率统计中发现，嘉兴市的数据更新频率较为多样化，包括了每年、每季度、每月、每周、每天等多种方式。嘉兴市共有数据集 555 条，图 11-24 是对 555 条数据集更新方式的统计，从图中可以看出，虽然嘉兴市的数据更新频率种类繁多，但是绝大部分还是采用每年更新，更新周期较长，且数据集的更新频率没有一个统一标准，不利于用户使用。

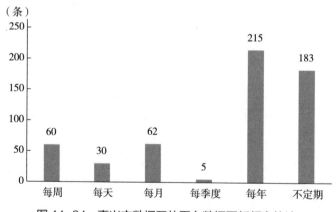

图 11-24　嘉兴市数据开放平台数据更新频率统计

二、用户评价

用户评价是最能直观反映用户对平台数据建设的满意程度，是用户对平台数据体验的书面表示，用户评价一般存在于平台的互动交流中。在统计中发现，并不是所有的平台都提供了用户评价渠道，从图 11-25 中可以看出 134 个平台中只有 60.61% 的平台提供了用户互动交流渠道，仍然有 39.39% 的平台并没有提供用户评价渠道。在 134 个平台中，上海市不仅让用户能够评价，而且还提供了打分机制，分为可用性、及时性、满意度、准确性四个维度。宁波、深圳、湖州、贵阳等地也提供了数据集评分与评论的方式，但是有些平台虽然有该项渠道，但是评论数与评分数均为 0，这说明平台建设过程中对该方面宣传不够到位，并没有让用户交流渠道发挥真正的作用。

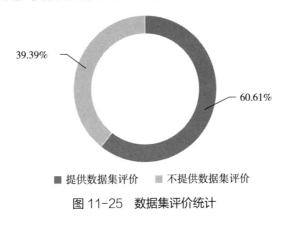

图 11-25　数据集评价统计

第十二章

结论与对策

第一节　现状

基于本书前几部分的分析内容，本节将从政府数据开放平台建设状况、元数据利用状况、数据利用状况和可供分析数据状况四个方面对现状进行梳理分析与总结。

一、政府数据开放平台建设状况

2023年我国新增政府数据开放平台60个，平台上线数量同比增长23.44%。这表明近年来政府数据开放平台的增长速度趋于平稳，相比于之前的大幅波动，增长幅度已经不再显著。这是由于目前政府数据开放平台建设空间已经有限，大部分省级、副省级和地市级政府都已经陆续上线政府数据开放平台。因此，新增平台的数量受到了建设空间的限制。已经开设了政府数据开放平台的地区，可能更注重平台的发展和优化，而不是新增平台的数量。2023年政府数据开放平台在各个方面所呈现出的不均衡特性依旧存在，但相较2022年数据平台建设的发展不平衡性有明显改善：①从行政层级来看，2023年，我国省级、副省级、地级和县区级平台的建设比例均较高。政府数据开放平台的地方上线占比有所提高，特别是县区级行政区的迅速增长。不同行政层级之间的建设差异显著缩小，尤其是县区级的增长幅度最大，相较于2022年，平台数量有所增加。这反映出政府在推动基层数据开放平台建设方面加大了力度。此举有助于提高公共服务的透明度和效率，并促进更广泛的信息共享。②从平台类型来看，政府数据开放嵌入式平台占比高至94.52%；数据统一汇聚在一个专门平台上进行开放的独立平台占比为5.48%，与2022年政府数据开放平台类型大致相同，嵌入式平台是各地区进行政府数据开放平台建设的首要选项。这也与行政层级平台建设趋势相符合，因为通常较低行政层级地区政府数据开放平台的新增往往从嵌入式平台着手建设，有助于平台的管理与发展。③从平台所属地区来看，我国政府数据开放平台的建设以华东地区为主导，西南、华中、西北地区作为重要的发展地区，推动着政府数据开放平台建设的进程，而其他地区则在这方面还有待提升。

二、元数据利用状况

1. 国内外标准视角下元数据的使用现状

课题组对全国现有的 134 个政府数据开放平台（131 个独立式平台，3 个嵌入式平台）进行了调查，分析了各平台的政府开放数据元数据利用情况，并总结了元数据互操作情况。

《政务信息资源目录编制指南》中的信息资源分类、摘要、提供方、发布日期、更新周期等核心元数据在各平台的使用频率较高，而信息资源名称、代码、共享属性等元数据的使用率较低。同上年相比，发布日期、更新周期、关联资源代码、共享属性的使用率下降，信息资源名称、信息资源分类、信息资源摘要、信息资源提供方、信息项信息的使用率有比较明显的上升。

根据《GB/T 2106.3-2007 政务信息资源目录体系　第3部分:核心元数据》，在各个平台使用的核心元数据中，分类、摘要、关键字说明、提供方、发布日期、元数据标识符等元数据的使用率较高，而名称、标识符、链接地址、元数据维护方、元数据更新日期等元数据的使用率较低。同上年相比，标识符、提供方、发布日期、元数据标识符、服务信息的使用率下降，名称、分类、提供方、元数据维护方的使用率有所上升，其他核心元数据的使用率基本持平，无显著变化。

各平台使用 DC 核心元数据情况中，主题、描述、创建者、日期、关联等核心元数据的使用率较高，而题目、标识符、语种、出版者、其他责任者、覆盖范围、类型、来源、权限等核心元数据的使用率较低。同上年相比，标识符、语种、创建者、来源的使用率下降，而题目、主题、描述、出版者、覆盖范围、格式、类型、关联、权限的使用率上升。

2. 不同元数据类型视角下的使用现状

本报告将现有的国内外标准的元数据按照功能进行分类，分成了描述性元数据、管理性元数据、利用性元数据、溯源元数据。

在描述性元数据中，内容描述和时空描述元数据的使用普遍较高，而数据描述和责任描述元数据的使用率相对较低。与上年相比，标识符、领域/行业、语种、时间范围、空间范围、发布日期、更新频率、关联信息、提供联系方式、数据项、数据发布方等元数据的使用率下降，而其他元数据的使用率有所上升。

管理性元数据的总体使用率较低，元数据管理、安全管理和长期保存管理的使用率均较低，只有版权管理方面的使用率较高。同上年相比，元数据管理方面和版权管理方面的元数据使用率有所提升，但是提升幅度不大，并且信息缺失的问题仍然十分突出。

在利用性元数据方面，有 72.39% 的平台对数据开放的类型进行了标识，标识的主要类型有：无条件开放、有条件开放、主动开放、不予开放、申请开放等数据开放类型或者数据开放方式。同时，下载量、访问量（浏览量）、用户评论 / 评分方面的使用率较高，说明也有较多平台对此进行了标注。但共享分类、共享类型、共享条件、数据用途、交换方式等元数据的使用率极低，公开分类方式、公开方式、获取方式、收费说明的使用率也很低。这反映出，尽管开放数据平台的开放程度较高，但共享和利用程度较低，平台间的资源共享可能面临困难。

在溯源元数据方面，同上年相比，除了 Dct：issued（数据集的最早发布时间）、Dct：modified（数据集的最新更新时间）、Dct：rights（数据的许可或版权）的使用率下降了外，其他元数据的使用率均上升了。

3. 现有元数据名称差异情况

在元数据命名上，各省市的开放数据平台存在差异，且由于平台被不同技术公司委托，导致网页编码 ID 和中文名称的规则各异，进而造成差异。此类情况普遍存在于副省级、地市级的网站，除非开放平台采购的是同一套系统平台。此外，各元数据的定义在取值类型上也各有差异。

4. 元数据互操作情况

在元数据名称互操作方面，DCAT 元数据的复用率较低，目前没有平台能够完全复用 DCAT 的所有元数据来标注其开放数据。在元数据格式互操作方面，大部分开放数据平台都为开放数据集提供了相对规范的 XLS、CSV、RDF、XML、JSON 等可机读的数据格式，其中 RDF 格式的使用率较低。目前，政府开放数据平台的元数据主要通过 HTML 网页以表格形式显示，供查询者阅读。平台未提供如 XML、CSV、JSON、RDF、HDF5、JSON–LD 和 Turtle 等可供下载、传输或调用的机器可读、标准化格式的元数据。因此，目前尚无法通过下载、传输或调用标准化的机器可读元数据来实现格式互操作。这说明政府需要通过制定统一的元数据标准、推广标准化的格式编码元数据以及加强元数互操作性建设等措施，可以逐步提升政府数据开放平台的元数据质量和互操作性水平，为数据的广泛应用和价值挖掘提供有力支持。

三、数据利用状况

本书沿用上一年的政府开放数据利用报告，从数据本身出发，结合地区和主题两个视角，以及时间变化趋势，分析政府开放数据利用行为。通过对比不同地区的下载和浏览相关指标，分析 2022 年政府开放数据平台利用行为的地区性差异；通过分析不同主题政府开放数据下载和浏览相关指标，对利用行为的主题性差异有一定认知；最后将各项对比结果与上年度报告进行对比，了解政府开放数据利用行为的发展趋势和变化情况。有助于评估政府开放数据政策的效果，并为未来的决策提供参考。

区域视角下，开放数据集的数量排名前 10 位的地区主要集中在四川省，与上年相比整体差异不大。值得注意的是，数据集总量在 7000 条以上的地区高达 18 个之多，这表明我国在政府数据开放方面的工作正在稳步推进。浏览量和下载量方面，今年样本数据中的地区排名与上年略有不同，上海市的公共数据开放平台的排名有所下滑，而山东省排名较为稳定。134 个地区平台 2023 年地区单一数据集下载率和浏览率水平差异相对较大，由此可见我国政府数据开放工作正在稳步推进，但地区间差异仍然较大。为了进一步提升政府数据开放的质量和效果，应加强跨地区、跨部门的数据共享和协同合作，推动政府数据开放的深度应用和广泛传播，为经济社会发展提供更加全面、准确、及时的数据支持。

主题视角下，所有主题中数据集个数最多的三个是民生服务、机构团体和医疗卫生；主题各自的浏览量差距较大，最多的三个主题依次为民生服务、教育科技和财政金融；下载量排名前三的主题分别为民生服务、教育科技和道路交通，可以发现浏览量和下载量之间存在较大关联，另外开放数据集的总量与其浏览量和下载量也没有必然的积极或者消极的影响。单一数据集浏览率最高的主题依次为教育科技、地理空间、道路交通；单一数据集下载率最高的依次为教育科技、地理空间、道路交通。从数据分析的结果可以看出，各主体的利用行为情况差异明显，还发现单一数据集的浏览率和下载率存在一定的关联性，比如教育科技的单一数据集浏览率和下载率均排名靠前，社保就业的单一数据集浏览率和下载率均排名靠后。

四、可供分析数据状况

1. 在平台层面

2023 年，一线城市的开放数据平台建设率为 100%，新一线城市为 66.67%，二线城市为 63.33%，三线城市为 44.29%，四线城市为 37.78%，五线城市为 18.75%。可以看出我国政府数据开放率与当地的城市建设水平呈现正相关。在数据集数量方面，计算 134 个省市数据集数量的平均值，得到的平均值为 2924.27，在平均值以上的省市为 56 个，平均值以下的省市为 78 个。由此可见，不同地区间的数据集数量差距较大，尤其是西部地区的数据集数量普遍较少，需要加大平台数据开放力度。在数据主题数量方面，相较于 2022 年，主题种类数量增长幅度明显。134 个平台的主题种类数量平均值为 19，平均数以上的地区有 84 个，平均值以下的地区有 50 个，占比 37.13%。在数据接口数量方面，有 122 个平台提供了数据接口，占比为 91%，仍有 12 个平台没有开放数据接口，占比为 9%；122 个平台的数据接口平均数为 1210，只有 37 个地区的数据接口数量是在平均数以上，这说明我国各政府数据开放平台在数据接口方面差异较大。在数据容量方面，25 个平台未提供数据容量数据。109 个平台中，66 个平台的数据容量超过 1 亿，47 个平台低于千万，表明我国数据容量分布不均。相较于沿海城市，西北及中部地区的数据容量整体较小，需要进一步加大数据开放力度。

2. 在数据层面

在数据开放性方面，提供机器可读格式的网站覆盖率为 91%。在数据可获得性方面，134 个数据平台提供多种开放数据格式，包括 XLS、JSON、XML、CSV、RDF、接口、XLSX、PDF 等。提供 XLS、JSON、XML、CSV 下载格式的平台数量最多，覆盖率超过 80%，这与民众使用 Office 办公软件的习惯有关。

在数据可用性方面，71.64% 的平台保障该项权利。在免费获取方面，13.43% 的平台提供不限时免费，57.46% 的平台为现阶段免费，29.10% 的平台未明确该项权利。在非歧视性方面，仅有 23.88% 的平台明确保障该项权利。在自由利用方面，仅有 31.34% 的平台保障了该项权利，有 39.55% 的平台未明确提及该项权利，有 29.10% 的平台对该权利进行了一定的限制。在自由传播与分享方面，有 20.90% 的平台未明确该项权利；47.76% 的平台对该项权利进行了限制；有 31.34% 的平台保障该项权利（即可自由传播）。

在数据完整性方面，不同的平台对于元数据条目设定不同，没有一个统一的标准，但是也有几项元数据条目是每个平台都有，如标题、访问量、数据主

题 / 领域、数据提供方等。关键字 / 标签与用户评分 / 评论是平台提供最少的元数据条目，分别只有 81 个与 99 个平台提供。

3. 在利用层面

134 个平台的平均应用数为 24，其中 95 个平台低于平均数，占比 70.90%。这一数据揭示了政府数据开放平台应用建设的不均衡性，且大部分平台在应用水平上仍有提升空间。

在平均浏览量与下载量方面，各个平台的平均浏览量相差较多，参差不齐，这与平台所提供的数据种类有关。不同平台的数据集平均下载量差距较大，在前十名中，第一名与最后一名相差 5 万，这说明各个平台的数据集的用户使用率相差较大。

4. 在影响层面

在数据持续性方面，14% 的平台未提供数据集的发布时间。发布时间最多的是一月内，占比 27%，其次为一年内，占比 21%。有 14% 的平台的数据更新频率为一周内。与上一年研究相比，平台数据更新频率有所上升。在更新时间方面，所有平台均提供数据更新时间。56.72% 的数据集更新时间为一个月内，16.42% 的更新时间为一周内。在更新频率方面，以一年为单位的更新频率占比最大，为 66.06%，实时更新的频率占比为 3.67%。可以看出我国大部分的政府开放数据平台的数据更新不够及时，这不仅影响了用户对数据的实时性需求，也限制了他们在数据应用和创新方面的发展。

在用户评价方面，134 个平台中只有 39.39% 的平台不提供用户互动交流渠道，而仍然有 60.61% 的平台提供了用户评价渠道。一些平台虽然提供了该渠道，但评论数和评分数均为 0，说明政府数据开放平台在用户参与和反馈机制上存在不足。这导致大量用户的意见、建议和需求无法表达和反馈，从而使平台服务与用户需求脱节。

第二节　现存问题

把握数智时代的发展主动权已成为我国发展战略中的重要内容，政府数据开放不仅促进透明治理和创新发展，还起到优化决策、增加公众参与和提供研究资源等作用。在政府数据开放工作中，政府作为主要主体，扮演着关键角色。

作为数据的主要持有者和管理者，政府掌握着大量数据资源，包括社会经济统计数据、行政管理数据、环境数据等。政府数据开放的成败取决于政府的主动性和外界的推动力；数据是政府数据开放的核心要素，是推动社会进步和发展的关键驱动力。数据开放的最终目的是服务用户，满足他们的需求和利益，从而推动社会创新与发展。

基于对各地区政府开放数据现状的分析，本书从政府、用户两个主体，数据、社会两个要素四个角度，分析政府数据开放工作中的现存问题。

一、从政府角度出发的现存问题

1. 数据利用程度不足

尽管政府已经意识到数据开放的重要性，但在实际操作中，数据的利用程度仍显不足。这主要体现在以下三个方面：首先，数据开放的范围和深度有限，许多有价值的数据未被纳入开放范围；其次，政府内部对数据的应用和挖掘不够深入，导致数据资源浪费；最后，政府与其他机构（如企业、研究机构等）的数据共享和合作不足，限制了数据的跨界应用与创新。为了提升数据利用程度，政府需要扩大数据开放的范围和深度，加强数据的应用和挖掘，同时促进与其他第三方机构的数据共享和合作。

2. 平台检索功能薄弱

近年来，随着数据开放平台数量和数据量的不断增加，开放数据的管理、发现和获取难度也在加大。通过元数据搜索，可以快速高效地检索所需数据，只需选择元数据的类型（如领域、主题、行业、格式等），输入检索词，即可查找到符合条件的数据，从而提高检索效率。然而，目前大多数平台并没有提供该搜索功能。尽管信息技术快速发展，为生活中各方面便利提供了支持，政府掌握着丰富的数据资源和高新技术，却未为公众提供便捷的数据开放检索功能。

3. API 应用服务不足

目前，国内外政府数据平台普遍提供较为成熟的 API 服务，扩大了用户获取数据的范围。在开放政府数据应用中，用户可以通过指定接口调用格式，输入程序访问参数，从指定接口地址获取实时动态的海量数据。然而，国内平台在 API 调用方面仍存在诸多限制，数据接口建设水平亟待提高。有些开放数据 API 仅面向注册用户，并且需要申请不同公开程度的数据；另外，有些 API 仅提供静态数据服务。总体来看，API 建设水平不足，质量有待提升。

4. 维护力度不到位

在数据开放平台的查找与筛选中，发现一些平台无故下线或无法访问，部分平台只能通过复杂搜索在其他政府平台中找到。这不仅影响了信息的及时传递，也严重影响了公众体验，并导致需求与供给之间的脱节。虽然目前政府数据开放平台建设的数量正在不断增加，但质量比数量更加重要。有些平台虽然已经开通，却没有做好维护工作，没有从服务人民的角度出发建设平台，有些平台与原有的政府信息公开板块没有差别，数据开放深度不够，没有实现数据价值的最大化，没有解决人民的真正需求。

5. 访问权限不明晰

由于部分政府数据存在敏感性，平台应明确用户访问条款，并完善用户身份审核机制。从数据安全角度出发，平台可以采用用户分级策略，根据不同类型的用户设置不同的访问权限。对于受限访问的数据，应明确访问条件和获取途径，为用户获取数据提供便利。我国大部分政府数据开放平台都已经在平台的免责声明或用户协议中提出了开放授权协议，并默认为用户签署。其中，一些省份将开放数据授权和数据非歧视写入相应的地方法规中。然而，一些省级以下政府开放平台尚未明确签署开放授权协议，用户无法完全免授权获取数据。此外，各省级政府数据访问平台在授权协议中多数只强调了暂时性的免费获取，免费期限模糊，未对是否永久免费进行规定。

6. 需求收集非标准化

用户评价是最能直观反映用户对平台数据建设的满意程度，且是能直接反馈当前用户需求的渠道。然而，并非所有平台都提供这一渠道，大多数平台对用户反馈回应缓慢、回应度低，且未将回应的需求统一公开，导致用户无法通过该渠道获得直接服务。有的平台只有需求调查一项内容，却没有公开需求回复，这样的反馈评价效率低，不能实现政府与公民之间的高效互动。

二、从用户角度出发的现存问题

1. 用户参与度不足

我国政府数据开放工作起步较晚，导致社会公众和机构对政府数据开放的认知度并不高。许多公民对于政府数据开放这一新兴领域还没有足够的了解，缺乏积极的参与热情。这主要源于用户对政府数据开放的概念、目的和潜在价值的认知不足。许多用户可能并不清楚政府数据开放的意义，或者认为这些数据与自己无关，从而缺乏参与的动力。此外，政府数据开放平台可能存在访问限制，如注册、验证身份等流程，增加了用户参与的门槛。因此政府需要加强宣传和教育，提高用户对政府数据开放的认识和了解。建立激励机制，如奖励、优惠或社会认可等，激发用户参与的积极性。

2. 数据利用能力有限

尽管政府数据开放为用户提供了丰富的数据资源，但用户的数据利用能力却有限制。这主要体现在用户缺乏必要的数据处理和分析技能上。许多用户可能并不具备处理和分析复杂数据的能力，导致他们无法有效利用政府数据开放平台上的资源。此外，政府数据往往涉及多个领域和专业知识，用户可能难以理解和应用这些数据。缺乏通俗易懂的解释和指导，使得用户难以深入挖掘数据的价值。为了提升用户数据利用能力，政府和相关机构应提供数据处理和分析培训，帮助用户掌握必要技能。同时，提供专业的数据工具和服务支持，帮助用户高效地进行数据处理和分析。

3. 缺乏交流合作渠道

对于普通用户或小企业来说，获取和使用政府开放数据的门槛较高，例如，复杂的许可或技术要求，限制了数据的广泛利用。但该部分用户也许更能反映大部分用户需求，缺乏合作共享渠道，限制了数据、资源和知识的流动，降低了社会参与的效果和影响力，政府与用户之间、用户与用户之间，各平台还未有有效的交流合作渠道，有待改进。

三、从数据角度出发的现存问题

1. 数据质量参差不齐

数据质量包括数据的准确性、完整性、一致性和时效性等方面。然而，在实际操作中，由于数据收集、处理和存储过程中各种因素（如人为错误、技术限制等），导致政府数据开放平台上的数据质量参差不齐。部分数据存在错误、遗漏或过时等问题，这严重影响了数据的可靠性和可用性。数据质量不高不仅会降低政府决策的科学性和准确性，也会损害政府数据的公信力和权威性。

2. 数据安全性及隐私困境

开放数据可能包含个人敏感信息，在 5G 环境下，即使政府数据在开放前已匿名化处理，仍可被轻易识别，存在严重的数据信息关联风险。在实践过程中，必须直面数据安全风险防范治理问题，要想高效推动政府数据开放共享，就必须切实保障数据安全。

3. 数据价值评估体系不健全

数据价值的评估是数据交易和流通的基础。然而，目前我国数据价值评估体系尚不健全，分级分类管理落地困难重重。数据价值评估方法与技术的研究主要集中在数据资产计量等方面，但离广泛应用实施还有很长的距离。数据价值具有不确定性且价值密度低等问题，这些问题都增加了数据价值评估的难度和复杂性。

四、从社会角度出发的现存问题

1. 社会价值认知不足

一些社会组织和公众对政府数据开放的社会价值认知不足。他们可能认为政府数据开放只是简单的数据发布和共享，而忽视了数据开放对于促进经济发展、改善社会治理、提升公共服务水平等方面的重要作用。这种认知不足限制了政府数据开放工作的社会影响力和实际效果。为了解决上述问题，需要政府、社会组织和企业共同努力。政府应加强数据开放工作的宣传和推广，提高公众对数据开放的认识和了解；完善数据开放平台的功能和服务，提高数据的实用性和质量；加强数据安全与隐私保护意识的培养和教育；推动数据文化和数据素养的普及和提升；以及完善数据共享和利用机制的建设等。同时，社会组织和企业也应积极参与政府数据开放工作，提高自身的数据分析和利用能力，共同推动政府数据开放工作的深入发展。

2. 法律环境不完善

尽管政府已经出台了一系列关于数据开放和利用的政策法规，但仍然存在一些法律空白和模糊地带。例如，关于数据产权、数据交易、数据隐私保护等方面的法律法规尚不完善，导致数据开放和利用过程中存在一些法律风险和不确定性。这限制了社会组织和企业在数据开放和利用方面的积极性和创新性。

第三节　对策建议

一、数据利用生态体系

经过数年发展，我国已探索出较为完善的政府数据开放模式。政府数据开放工作的焦点已从建设转向利用，这是政府、社会和公众应共同努力的目标。建设全国一体化政务服务平台是提升服务满意度的必经之路，也是政府数据开放利用价值的关键体现，有助于解决我国社会主要矛盾。政府数据从被开放、被利用到产生效益是一个动态循环的过程，政府、数据、环境、公众共同构成了一个生态体系。政府部门作为"供给侧"，将数据开放出来；数据利用者作为"需求侧"，利用数据并开发创新应用，服务社会公众。通过获得的利益，数据利用者和社会公众又推动政府进一步开放数据。

本书基于对政府开放数据有效利用现状和问题的分析，以五个开放工作准则为指导，服务用户为核心，从政府和用户两个参与主体的视角，以及数据和环境两个影响要素出发，构建了数据利用生态体系（见图12-1）。其中，政府作为整个体系的核心驱动力，政府负责制定政策、规范标准，并提供数据资源和服务；数据是整个体系的基础，它来源于政府提供的信息，并通过数据融合等方式不断提升其质量和可用性；用户是最终受益者，通过享受高数据创造的价值并反馈到体系中，进而促进整个生态系统的不断完善和发展。

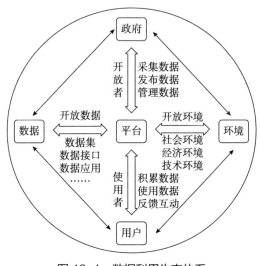

图 12-1　数据利用生态体系

二、对策建议

本节的政府开放数据利用对策建议根据数据利用生态体系，主要从政府、用户、数据、环境四个角度入手。

（一）政府角度

政府在推动开放数据的过程中，扮演着核心的角色，其任务不仅是开放数据，还要确保其高效、合规和安全地利用。

1. 制定清晰的数据开放政策和法律框架

政府应出台明确的政策文件，规定各部门、各行业的数据开放标准与流程，明确开放的目标、范围和时限。例如，政府可以通过立法将"开放政府数据"作为一项长期战略目标，规定政府各级部门应按期发布可公开的数据，并确保其数据的透明度和可靠性。通过清晰的政策导向，可以避免数据开放中的不规范行为，如数据质量低劣、数据发布延误等问题。同时，政策中还应明确对数据安全、隐私保护等方面的要求。政府需明确哪些数据属于敏感信息，哪些数据是公共数据，确保在开放过程中不会泄露个人隐私、国家机密或商业机密。例如，个人身份信息、医疗记录等数据应严格保护，而地理位置、气象数据等公开的数据则可以在一定程度上自由开放。

2. 推动数据质量管理与持续更新

政府在开放数据时，必须确保数据的质量。开放的数据如果质量不过关，甚至会带来错误的决策或影响创新效果。因此，政府应设立专门的监督机构，定期对开放的数据进行审核与检查，确保其准确性、完整性和时效性。例如，政府应为各部门提供数据质量管理的指导，要求各部门定期对开放数据进行更新与维护，确保数据的时效性。此外，政府还应推动数据标准化的工作，确保不同政府部门之间的数据可以互联互通。例如，通过建立统一的数据标准（如数据格式、单位、分类标准等），使得各类数据能够通过统一的接口共享，并避免因标准不一导致的数据孤岛现象。

3. 提供财政支持与创新激励机制

为了鼓励社会各界利用开放数据，政府可以通过设立专项资金、提供技术支持等手段，激励企业、科研机构和创新者开发基于开放数据的创新应用。例如，政府可以设立"数据创新奖"，奖励利用政府开放数据解决社会问题或推动科技进步的项目。此外，政府还可以通过与企业合作，提供税收优惠或其他激励政策，促进更多企业参与数据应用和开发，推动数据产业的发展。政府还可以通过举办开放数据创新大赛、黑客松等活动，吸引各类开发者和创业者参与，激发社会创新潜力，这些活动不仅有助于发现新的应用场景，还能促进跨行业合作，推动开放数据的实际应用。

4. 建设统一的开放数据平台与基础设施

政府应建设统一的开放数据平台，为公众和企业提供高效、便捷的数据访问渠道。这些平台不仅需要具备强大的数据存储和查询功能，还需要具备强大的数据共享和协同工作能力。例如，可以提供开放 API、数据可视化工具、数据分析平台等，以帮助开发者、科研人员等群体便捷地访问和利用这些数据。同时，政府还应关注平台的易用性和用户体验，避免数据平台过于复杂，降低了使用门槛。例如，开发简洁直观的用户界面，提供详尽的使用说明，并支持多种数据格式的导入导出，方便不同用户群体的需求。

（二）用户角度

从用户的角度，政府开放数据的有效利用依赖于用户的参与程度和能力。不同背景的用户群体对于数据的需求和利用能力差异较大，因此需要政府提供多层次的支持和服务。

1. 提升公众的数据素养和能力

数据素养是指公众理解和利用数据的能力，这对于提升开放数据的使用效率至关重要。政府应通过教育培训、线上学习平台、公开讲座等多种形式，普及数据分析和数据科学知识。例如，政府可以开设免费的在线数据分析课程，帮助公众掌握基本的数据处理技能，使他们能够在日常生活中应用开放数据，提升生活质量。除了基础教育，政府还可以组织专题培训，针对不同群体的需求，提供定制化的培训内容。例如，为小微企业提供数据驱动的决策培训，为普通民众提供如何使用开放数据提升生活质量的案例分析。这类培训可以帮助不同用户群体更好地理解数据的应用价值，提升他们的数据使用能力。

2. 优化数据接入平台的用户体验

公开数据平台应设计直观易用的界面，确保用户能够快速上手。例如，政府可以在开放数据平台上提供清晰的导航系统，用户可以通过分类标签、关键词搜索、筛选功能等，快速找到需要的数据。此外，平台应支持多种数据访问方式，如通过 Web 接口、API 接口、文件下载等，满足不同用户的需求。政府还应注重数据平台的响应速度和稳定性，确保平台能够承受大量用户同时访问时的负载。尤其在高流量期间，平台需要保证数据的高效下载和快速查询，避免因平台崩溃或延迟造成用户体验的下降。

3. 设计易于理解的数据可视化工具

许多用户对于原始数据的理解存在困难，因此，政府应提供数据可视化工具，帮助用户通过图表、地图、图形等形式更直观地理解数据。例如，政府可以为城市规划、交通管理等领域的数据提供实时的可视化分析工具，让市民可以通过简单的界面看到交通流量、环境质量等数据的变化趋势，从而帮助其做出更好的决策。此外，政府可以提供基于开放数据的定制化应用，如智能手机应用，允许用户在移动设备上查询开放数据。通过结合位置服务，用户可以随时获取周边环境的实时数据，如空气质量、交通情况等，提高生活质量。

4. 建立高效的用户反馈与建议机制

用户反馈是优化数据开放平台和改进服务的重要途径。政府应定期收集用户的意见和建议，通过调查问卷、用户评价、反馈邮件等形式，了解用户在使用数据平台过程中遇到的问题，并针对性地进行改进。政府还可以建立专门的用户支持团队，及时解答用户的疑问，提供个性化的帮助，提升用户的参与感和满意度。

（三）数据角度

数据本身是开放数据能否成功应用的核心，政府在推动开放数据的过程中需要确保数据的结构化、标准化、安全性和多样化。

1. 保证数据的质量与时效性

数据质量直接影响到开放数据的实际效果。为了确保数据质量，政府可以制定数据发布的标准化流程，并要求各数据发布机构按时、准确地提供数据。这些标准应包括数据的来源、准确性、完整性、更新频率等方面，确保数据不仅符合开放要求，还具有足够的可信度。政府还应制定定期审核和更新机制，确保数据不会因时间推移而过时。例如，涉及公共服务、经济发展、环境监测等重要领域的数据应每月更新，而对于变化较少的数据（如历史数据）可以适当延长更新周期。更新机制应明确责任，确保更新及时，并对公开数据的过期状态做出标识。

2. 推行数据标准化工作

数据开放的成功依赖于各方数据的可互通性。为了确保数据能在不同系统之间流通，政府应推动数据的标准化工作，包括统一数据格式、规范数据命名规则、统一数据单位和分类方式等。政府可以依据行业标准或国际标准进行数据格式设计，确保开放数据能够满足跨部门、跨领域的整合需求。此外，政府还应推动数据接口标准化，开发统一的数据访问接口（API），使得各类数据可以通过标准化的接口进行调用和整合。通过这些措施，政府能够打破各部门之间的数据孤岛，实现数据的互联互通，并支持开发者进行二次开发与创新。

3. 保障数据安全与用户隐私

开放数据的一个重大挑战是如何在确保数据开放的同时，避免侵犯个人隐私和商业机密。政府应采取严格的数据保护措施，对敏感数据进行加密、脱敏或匿名处理。对于涉及个人信息的数据，政府应遵守隐私保护法律法规，确保在数据开放过程中不泄露个人敏感信息。在数据安全方面，政府应建立严格的数据访问权限控制机制，对不同的数据使用者设置不同的权限，确保数据仅能按照授权用途进行访问。通过多重身份验证、加密传输等技术手段，确保数据在开放和传输过程中不受外部攻击的威胁，避免数据泄露或滥用。

4. 促进数据再利用和二次开发

开放数据的价值不仅在于其原始形式，还在于其能够被开发者进行二次开发，产生更多的创新应用。政府应鼓励数据的再利用和二次开发，为开发者提供必要的支持，如开发文档、API 接口、数据清单等工具。政府可以设立专项基金，支持利用开放数据进行创新研究或产品开发的项目，特别是那些能够为社会带来直接经济和社会效益的项目。例如，政府可以鼓励通过开放数据推动智能城市建设、公共服务优化、环保监控等领域的创新应用。这种激励机制可以极大地推动数据的价值转化。

（四）环境角度

在推动开放数据的过程中，政府还应考虑到其对环境的影响，确保数据利用的可持续性。

1. 推动绿色数据应用

政府可以支持环保领域的数据开放和应用，促进绿色发展。通过开放环境监测数据、气候变化数据、资源消耗数据等，鼓励社会各界利用这些数据进行环保创新。例如，开放的空气质量数据可以为公众提供实时的环境监测信息，推动智能交通和智能城市的绿色发展。在公共政策和城市规划方面，政府可以通过开放交通、能源消耗、建筑节能等数据，鼓励社会各界利用数据推动低碳生活、绿色建筑和可持续交通系统的建设。这些数据的开放不仅可以帮助政府制定更加科学的环境保护政策，还可以为社会创造更多环保和经济双赢的机会。

2. 倡导节能低碳的计算模式

在数据存储和处理方面，政府应鼓励使用节能、低碳的技术和基础设施，减少数据处理对环境的负担。例如，推动数据中心使用可再生能源，降低数据存储和处理过程中产生的碳排放。此外，政府可以通过制定相关政策，鼓励公共部门和企业在使用开放数据时，采取高效的能源管理方案，减少不必要的能源浪费。政府可以支持数据中心通过绿色认证，鼓励行业内企业采用绿色计算和环保材料，提高整体数据行业的可持续发展水平。

3. 加强跨部门合作，推动综合数据应用

环境问题往往涉及多个领域，如交通、能源、城市规划等，政府应加强跨部门的数据共享和协作，推动综合性的数据应用。例如，可以联合交通、环保和能源部门，共享相关的数据，为政策制定者提供更全面的决策支持，推动绿色发展的同时减少资源浪费。通过跨部门合作，政府能够打破各个领域的数据壁垒，形成一个更为全面和精准的数据生态系统。特别是在环境监测、城市管理、资源分配等领域，开放数据能够帮助政府实现精准化治理，提高资源利用效率，减少环境污染和能源浪费。

4. 鼓励绿色创新和低碳发展

政府应通过政策支持和资金激励，推动基于开放数据的绿色创新。例如，鼓励企业和科研机构基于环境监测数据开发新的清洁技术、绿色产品或环保服务。政府还可以通过设立奖项和竞赛，激励更多企业和个人参与绿色创新，推动低碳经济发展。此外，政府应支持公共部门和企业通过开放数据推动绿色生产和绿色供应链管理，以减少产业链中的碳排放和资源消耗。通过这些措施，政府能够引导社会各界更加注重环境保护，推动可持续发展目标的实现。

从政府角度、用户角度、数据角度和环境角度出发，政府在推动开放数据利用的过程中，需要全方位、多层次地进行策略部署。这不仅包括政策层面的支持、数据质量和安全的保障、用户的能力提升，还包括环境的可持续性。通过这些综合性措施的实施，政府可以促进开放数据的有效应用，推动社会创新和经济发展，同时确保环境和社会的可持续发展。

后　记

2023 年，中共中央、国务院印发《数字中国建设整体布局规划》，提出要推动公共数据汇聚利用，畅通数据资源大循环，夯实数字中国建设基础。2024年的《关于加快公共数据资源开发利用的意见》（以下简称《意见》）中提出，各级党政机关、企事业单位依法履职或提供公共服务过程中产生的公共数据，是国家重要的基础性战略资源，要加快公共数据资源开发利用，充分释放公共数据要素潜能，推动数据高质量发展。数据作为生产要素已快速融入生产、分配、流通、消费和社会服务管理等各环节，深刻改变着生产方式、生活方式和社会治理方式。培育数据要素市场、发挥数据要素价值、促进经济社会高质量发展，成为构筑国家竞争新优势的重要举措。政府开放数据是数据要素的重要组成部分，具有通用性、权威性、公益性、可控性等特征。推动政府开放数据利用，是推进国家治理体系与治理能力现代化的重要手段，也是进行数据赋能，释放公共数据价值的必由之路。

我国政府开放数据建设不仅起步晚，而且进展较为缓慢，与发达国家相比存在较大差距。自 2015 年国务院发布《促进大数据发展行动纲要》以来，到2024 年中共中央办公厅、国务院办公厅《意见》的发布，政府信息公开逐渐向数据开放转变，公共数据资源配置不断优化。但是目前公共数据的价值尚未完全释放，政府开放数据的有效利用仍然任重道远，《数字政府建设成效测度与评价的理论、方法及应用研究》课题组敏锐察觉到这一问题，于 2018 年开始着手研究中国政府开放数据利用相关问题，截止到 2024 年，已经连续进行了 6年的政府开放数据利用研究。数据采集在每年的 12 月 15 日至 12 月 31 日之间进行，然后利用 1 个月的时间对数据进行分析，第二年的 3~4 月形成报告初版，经过数月的打磨，最终形成读者们看到的每年的政府开放数据利用研究报告。

本书的出版，汇聚了课题组在 2022 年（即《政府开放数据利用研究报告（2023）》）和 2023 年（即《政府开放数据利用研究报告（2024）》）间对全国地方政府开放数据利用的深入研究与实践。这一系列报告的撰写过程，不仅是对各地数据开放现状的记录与分析，更是对中国政府开放数据事业的持续观察与推动。将 2022 年和 2023 年的研究成果合并出版，既是对过去两年开放数据进展的总结，也是一种前瞻性的展望。通过这种方式，希望能够为读者呈现一个更加完整的脉络，使地方政府在开放数据利用上的发展趋势更加清晰可见。我们相信，这本书不仅能为各级政府的决策提供参考，还能为推动数据开放利用的研究者、实践者带来启发。

本书是国家社科基金重大项目"数字政府建设成效测度与评价的理论、方法及应用研究（23&ZD081）"的阶段性研究成果之一。鉴于全国政府开放数据收集复杂，统计耗时长，报告完成难度较大，因此邀请了课题组多名研究生参与相关数据采集与报告撰写工作。段尧清教授负责全书的大纲拟定及全书的统稿、定稿及审校工作；全书分工撰写依托于"基础教育质量检测报告协同撰写平台"，由石义金老师组织开发。刘园园硕士研究生负责两年报告的组织统筹、任务安排、数据整理、章节衔接，并参与全书的审校工作；王晓曦负责第一章与第十二章；王杨萍负责第二章；黄凤娟负责第三章；刘绿琴负责第四章；杜乃馨负责第五章；凌榕负责第六章；易雨洁负责第七章；郑世东负责第八章；王紫薇负责第九章；闫琦琦负责第十章；冯晓君负责第十一章。

另外本书的顺利出版要感谢经济管理出版社任爱清编辑的耐心指导与排版校正。正是大家的共同努力，才让本书得以顺利面世。同时，也要感谢各地开放数据部门、专家学者及相关工作人员的积极配合与支持。

开放数据的探索依然在路上，我们期待在未来的报告中继续记录和见证中国在这一领域的不断进步与突破。

段尧清
于华中师范大学
2024 年 8 月